なぜ、私は「社員の幸せ」を第一に考えるのか

人財の成長なしに、お客様の夢を叶えることはできない

株式会社 三春情報センター
代表取締役
春木磨碑露

ダイヤモンド社

はじめに

いまこそ「働く人改革」を！

二〇二〇年六月二九日は、私にとって、生涯忘れられない日になりました。そして、それは、当社の社員たちにとっても同じだったかもしれません。

二〇一九年一二月、中国の武漢市において症例が確認されたとされる新型コロナウイルスは、瞬く間に世界中に感染が拡大し、各国で多くの方が亡くなる一方で、人々の日々の生活や仕事にも甚大な影響を及ぼしました。

日本政府は、二〇二〇年四月七日に緊急事態宣言を発出。外出や県を跨いだ移動の自粛、テレワークの推進、飲食店などの休業や時短営業、人の集まるイベントの中止、学校や保育園の休校・休園などの要請が、国や自治体から出されました。

感染拡大を抑止するため、人々の行動が制限され、経済活動が停滞するなか、当社の事業もさまざまな影響を受けました。

本業の不動産関連事業に関しては、どんな状況でも家を買ったり、借りたりしたいという住宅ニーズが一定数はあることと、これまで当社が「地域密着」や「親子三代のお付き合い」を掲げ、ご紹介やリピートのお客様を大切にする営業スタイルを採ってきたことが奏効し、お客様の数が激減することはありませんでした。それでも、緊急事態宣言前後の二か月間の売上げは目標に対して六割程度しか達成できず、経営的には厳しい状況でした。

また、当社は不動産業をメインとしながら、近年は飲食、宿泊、保育・介護などの事業に多角化を進めており、そうした不動産業以外の事業ではかなりのダメージがありました。

鎌倉で展開している飲食店と民泊（簡易宿泊）施設は、国内外からの観光客が激減し、軒並み大打撃を受けました。本業の不動産業がなく、飲食業や宿泊業を単体で行なっていたら、間違いなく潰れていたと思います。

デイサービスや保育園も、行政からの要請を受けて、緊急事態宣言発出中はすべて休業・休園していました。一部の施設では行政からの補償はあったものの、事業全体として見れば当然、売上げは減少しましたし、何より利用者の人たち（高齢者の方たち、小さなお子さんを育てる親御さんたち）に必要なサービスを提供できないことに心苦しさやもどかしさを感じていました。

あの時期、そうした苦しい状況にあったのは、当社だけではなかったはずです。日本中の企業の経営者や社員たち、さらには個人事業主の方々など、この国で働く人、生活する人のすべてが、先行きが見えない不安のなかで過ごしていたのではないでしょうか。

緊急事態宣言が解除されたのは、発令からおよそ一か月半が過ぎた五月二五日でした。

そして、その一か月後の六月二九日に、当社は約半年ぶりの「方針会」を開催したのです。

方針会とは、毎月一回、全社員が参加して行なっている研修会のことです。

内容は午前と午後に分かれ、午前中は大きなホールなどに全社員一堂に会して、外部講師を招いての講演会や、社内プロジェクトや営業目標達成による成功事例の発表などを実施します。午後は事業部ごとに分かれて、今後の営業方針などを話し合います。毎回、朝九時三〇分から夕方六時まで会場に缶詰になって、社員全員でみっちりと自己研鑽に励むのが、この方針会の目的です。

ただ、昨年度（二〇一九年度）の途中、一部の役員から「全社員で集まって研修するよりも、個々に営業をしたほうが、会社の業績向上につながるのではないか」という意見が出て、試験的に中断をしていました。しかし、いくつかの事業部で年間目標の未達などがあったため、「やはり方針会はやるべきだ」となり、二〇二〇年度からは再び毎月一回実施する予定でいました。そこにコロナ禍がやってきて、四月からの再開もままならず、先述したように「約半年ぶり」の開催となってしまったのです。

緊急事態宣言が解除されていたとは言え、依然として新型コロナウイルスの感染に注意をしなければならない時期だったため、午前の部の会場となったホールには、社員たちは互いに一定の間隔を空けて座っていました。また、方針会は原則、全社員参加ですが、奥さんが妊娠中であるとか、同居する家族に高齢者がいるなどの事情がある人には、あらかじめ「参加しなくていい」と伝えてありました。

いつもならば会場に全社員が密集し、互いの熱気を感じ合いながら講習会や発表会を行なっていたことを思えば、久しぶりの方針会は「これまでとは明らかに違う空気」が流れていたように思います。

しかし、約半年ぶりに全社員の前に立ち、私が話したのは、これまでにも何度も話をしてきたことでした。

それは「働く人改革」についてです。

仕事をするうえで大事なことは、「働く人改革」であり、社員一人ひとりが自分を磨き、存在価値を高め、人生の目標を達成していってほしいということ。その過程でさまざまな壁に直面するかもしれないけれど、その壁を乗り越える秘訣は全社員に毎年渡している「事業発展計画書」に書かれているので、それを熟読し、書かれている内容を全力で遂行してほしいということ。それだけです。

昨今、世の中では「働き方改革」という言葉を見聞きする機会が増えましたが、私は、改革すべきは「働き方」ではなく、「働く人」だと考えています。

テクノロジーの進歩によって、社会のあらゆるところにインターネットやＡＩ（人工知能）が活用されるようになり、今後、人々のライフスタイルや働き方は大きく変わっていきます。いまは社会に必要とされている仕事でも、ロボット技術やＡＩが進展していくにしたがって、やがて自動化、無人化され、消えていくものもたくさんあるでしょう。

だからこそ、これからの時代は、働く人一人ひとりが、「お金を稼ぐためにただ働く」のでは

なく、

「自分は何のため（誰のため）に働くのか」

「仕事を通じて、どのように成長していきたいのか」

「人生において何を実現したいのか」

などのことを真剣に考えたうえで、日々の仕事に取り組むことが不可欠だと思うのです。

自分は何のためにこの世に生まれ、何のために働くのか。自分の存在意義は何なのか。自分にとっての幸せとか何か。そうしたことを徹底的に考え、そして、自分の人生の夢や目的が定まったら、その実現に向けて必要なことを全力で実行していく。機械やほかの誰かに取って代わられることのない、他人や社会から必要とされる自分の仕事をつくり上げていく。そうした姿勢で働くことが、私の言うところの「働く人改革」なのです。

そうした話は、これまでＡＩやロボット技術といった最先端のテクノロジーの社会への普及という観点から話していました。しかし、新型コロナウイルスの感染拡大によって、人々の生活や働き方、社会のあり方や仕組みが抜本的に変わっていくことが予測されるなかで、「働く人改革」はより一層重要な視点になっていくのではないか。私はそう感じていました。

それゆえ、半年ぶりの方針会で、全社員に向かって、あらためて「働く人改革」を進めていくことを強く求めたのです。

困難に直面したときこそ、自分たちの原点に

社員の前に立って話をするとき、私は必ず全員の顔を見渡し、一人ひとりと目を合わせるようにして語りかけることを心がけています。そうすることで、私の想いや熱（パッション）を伝え、社員たちの想いや熱を受け取ることができると考えているからです。

その日、六月二九日の方針会で印象深かったのは、社員たちの表情の変化です。新型コロナウイルスの世界的な感染拡大や緊急事態宣言の発出など、誰もが経験したことのない事態に直面し、ほとんどの社員が将来に対する不安を感じていたでしょうし、以前のように人と会ったり、話したりできないことで孤独感やストレスを抱いていた人も多かったはずです。

そんな不安と孤独のなか、半年ぶりに方針会が開催され、全社員が一堂に会したことで、きっとそれぞれが「自分にはこんなに大勢の仲間がいるじゃないか」とあらためて実感できた

のではないでしょうか。あくまでも個人的な感想ですが、方針会が始まり、時間が経つにつれて、社員たちの表情が明るく、イキイキとしたものに変わっていったと、私は感じました。

実際、午後からの事業部ごとの話し合いでは、コロナの不安なんてそっちのけで、侃々諤々《かんかんがくがく》の活発な意見交換が行なわれていました。私が「今月はどう？　目標達成できそう？」と聞けば、「任せてください！」「絶対に達成します！」と力強い返答ばかり。はじめは元気がなかった社員も、まわりの雰囲気に触発されて、どんどん目の輝きが増し、元気を取り戻していきました。

そんな社員たちの様子に、社長である私は、心強さを感じていました。

人が自分自身を磨き、成長させるには、もちろん本人が意識や行動を変え、努力を重ねていくことが第一ですが、ときには壁にぶつかったり、行き詰まったりすることもあります。そんなときに欠かせないのが、まわりからのサポートです。人の成長は、本人の努力にチームワークが合わさったとき、加速するのです。

社員たちもきっと、半年ぶりの方針会で全社員が集まって話し合いをすることで、そのことをあらためて実感したのではないでしょうか。

緊急事態宣言が解除されて間もない、二〇二〇年六月二九日。およそ半年ぶりに行なった方針会を通じて、私のなかにあった信念はさらに強固なものとなりました。

それは「困難に直面したときこそ、自分たちの原点に返るべき」ということです。

後ほど詳しく述べますが、自分たちの原点とは、「我が社の目的」や「経営理念」に掲げられた条項であり、お客様・会社・社員・地域のすべての幸せを目指す「四方善し」の考え方です。「働き人改革」とは、言うなれば、目的や理念で掲げた理想の社員像に近づくためのプロセスなのです。

自分たちは何のために働いているのか。そして、仕事を通じて、自分自身をどう成長させ、お客様や社会に何を提供しようとしているのか。

そうしたことをあらためて深く考え、原点に立ち返ることの大切さを教えてくれたという意味では、コロナ禍はよい機会でした。

本書には、私が経営者として考えてきたこと――当社が目指しているもの、株式会社三春情報センター（ミック）の社員のあるべき姿、現在展開している各事業の目的、これからの展望――などをまとめました。

今後、仕事をしていくなかで、社員たちはきっと、さまざまな困難に直面するはずです。そんなとき、今回のコロナ禍でもそうだったように、まずは原点に立ち返ってほしい。そのための指針となるよう、この本を書きました。

社員以外の読者の皆様には、本書を通じて、当社が何のために事業を展開しているのか、お客様や社会に何を提供しようとしているのか、より深く知っていただくきっかけになれば幸いです。

すべては、お客様・会社・社員・地域という「四方」の幸せのために――。

なぜ、私は「社員の幸せ」を第一に考えるのか

—目次—

第1章 すべての事業は、社員とお客様の「幸せ」のために

ミックが志す「総合生活産業」グループとは？

第2章　「四方善し」を実現する「人財」育成

第3章 なぜ、多角化を目指すのか？

ミックグループの「二〇本の柱」

第4章 横浜発、世界へ
世界の総合生活産業を目指して

おわりに 207

第1章

すべての事業は、社員とお客様の「幸せ」のために

ミックが志す「総合生活産業」グループとは？

企業活動の第一の目的は「人間づくり」

三春情報センターを中心とした「ミック」グループとは、どんな企業グループなのか？　そのことを知っていただくには、当社が掲げる「我が社の目的」を見ていただくのがいちばんです。「我が社の目的」には、私たちが事業を通じて果たさなければならない企業ミッションを三つ挙げています。

一、真・善・美にのっとった格調高い本物の人間づくり
一、総合生活産業を目指す
一、社会の繁栄と豊かさと幸せに貢献する

この三つの目的は、当社の仕事への姿勢を示すＣＩ（コーポレート・アイデンティティ）として、「経営理念」「行動指針」「クレド」「ミックスタンダード」とともに、二〇〇五年四月に制定しま

した。

それ以前にも、もちろん会社経営や事業展開をしていくうえでの目的や理念はありました。そのうちのいくつか、たとえば「善いことをする」や「世の中（社会）のために」といった項目は、現在にも受け継がれています。それらは先代の社長で、私の父でもある春木裕児が、創業時から一貫して唱えていたことであり、社員の間にも浸透していました。ただ、しっかりと体系化されておらず、また理念をどのように日々の業務や行動に落とし込むかは明確に定められていなかったため、私と役員が侃々諤々の議論を重ねて半年以上かけて再構築したのです。

「我が社の目的」とともに制定した「経営理念」は次の八条項（二〇〇五年の制定時は六条項でしたが、その後に二条項追加）、「行動指針」は一〇条項となります。「クレド」と二四項目の「ミックスタンダード」については、八～九ページにまとめてあるのでご参照ください。

「経営理念」

一、善いことをする

一、お客様が勝つ、地域が勝つ、施主が勝つ

一、調和しながら自己表現、自己実現をする

一、喜ばれる仕事をして、自ら喜ぶ
一、親子三代のお付き合い
一、人を一〇〇パーセント活かす環境づくりと教育
一、多種多様の中の統一
一、進化向上、生成発展　変化こそ常道

「行動指針」

一、スピード・スピード・スピード
一、紹介・紹介・紹介の輪を広げる
一、つなげる・つなげる・つなげる
一、お客様を敬う
一、めんどくさいことをする
一、3GIVE 1TAKE
一、与える・与える・与える
一、持たざる経営

一、回転期間重視
一、継続は力なり・スピードなり・差別化なり

目的、理念、行動指針のそれぞれの位置づけは次のようになります。

「目的」……当社が目指すゴール。事業を通じて、どんなことを実現していきたいかを示しています。山登りで例えれば「頂上」。どこの山を目指すのか、ということです。

「経営理念」……ゴールに至るための方法です。山登りにおける「登り方」で、目指す頂上（目的）に向かって、どのルートを、どの方向から、どのような方法で登るかを示しています。

「行動指針」……日々の業務に取り組むうえでの行動や判断の基準。山登りで言えば、たとえば分かれ道があったときの標識のようなもので、何か迷ったときには、この行動指針に従って判断、行動するようにします。

世の中には、登るべき山（事業の目的）や、その頂に達するための登り方（理念）は無数にありますが、「私たちはこの山の頂を目指し、この道を登っていくんだ」と表明したものが、「我が社の目的」であり、「経営理念」なのです。

さて、そこで本題となる「我が社の目的」です。

目的の三つの条項はすべて重要なのですが、何よりも注目していただきたいのは、「人間づくり」が第一に来ていることです。人間づくりとは、すなわち社員教育であり、社員の成長です。人間づくりができなければ、さまざまな事業を展開していくことも、社会に貢献することもできません。だからこそ、目的の最初に人間づくりを掲げているのです。

一般に、企業の目的・役割として、「利益を上げること」「事業を継続させること」「社員の雇用を守ること」などが挙げられます。当社ももちろんそれらは重視していますが、利益を上げることよりも、事業を継続することよりも、社員の成長、本物の人間づくりが重要だと考えています。そのために会社は存在していると言っても過言ではありません。社員の成長(人間づくり)が達成できれば、おのずと利益は上がり、事業は継続し、社員たちの雇用も守られるはずです。

では、どのような人間づくりを目指しているのかと言えば、条項の文言にあるように「真・善・美にのっとった格調高い本物の人間づくり」ということになります。

「真・善・美」とはどのような状態を指すのか、説明するのは簡単ではありません。以前は、父からの受け売りで「あなたは宇宙の心とは何だと思いますか？」といった哲学的な問いかけをして、社員自身に答えを考えさせるようにしていました。いまはもう少しわかりやすく、「真」が考え方、「善」が行動、「美」が結果として、考えが行動になり、行動が結果を生むように、すべては因果によって結びついているので、その三つすべてを磨いて調和させていこう、という話をしています。

また「格調高い本物の人間」とは、「まわりの人や社会の役に立ち、必要とされる人間」だと定義しています。人や社会の役に立つ仕事ができれば、それは必ず何らかのかたちでこちらに返ってきます。社員たちによく言うのですが、年収の高い人は、自分以外の誰かのため、世の中のために一生懸命に働いた人だと、私は思うのです。与えるからこそ、返ってくる。逆に、人や社会に何かを与えない人は、何も手にすることはできません。

格調高い本物の人間となり、人や社会の役に立つことができれば、おのずと業績が上がり、会社も潤うし、年収が上がって当人の人生も豊かになるのです。

社員を成長させ、善い仕事をしてもらい、社員自身も会社もお客様も社会も豊かにする。そんな循環をつくっていく根本が「人間づくり」であり、ミックという会社はそれを実現する場所として存在しているのです。

13 プロセス重視

我々はプロセスを伴う結果を評価します。我々は、真剣に取り組んで得た結果・知識やそこから生まれた知恵や考え方を評価します。また、プロセスをたゆみなく進化させます。

14 チームワーク

我々はセクショナリズムのない人を尊敬します。会社に起こる様々な問題を自分の問題として捉え、チームワークを常に意識し、セクションを超えて幅広く協力し合います。セクショナリズムや解決を他人に依存する事は絶対にしません。

15 クレーム対応

クレームの対応はあらゆるものに優先し、会いに行きます。さらに即座に上司に報告します。クレームは我々に対するお客様の期待であり、伝えてくれる人は我々に対してのファンだと考えます。真のクレームは、何も言わない人、他決の人です。

16 挨拶

挨拶はコミュニケーションの基本です。挨拶は元気よく、相手より先に行います。気持ちの良い挨拶は、相手に心が伝わります。相手を敬う気持ちが出てきます。

17 時間と期限の厳守

我々は5分前行動を実践します。5分前には万全の状態で待機します。工期・入金・提出書類・メールに関する期限は必ずこれを厳守します。関係している人を尊重し協力します。

18 スキルアップ支援

我々はパートナーのスキルアップを尊重し、パートナーが必要とする資格取得を、全面的に応援します。日本で第一位の資格取得企業を目指し、チームとしてお客様の幸せに最大限に活かします。

19 正義と誠実

我々はたとえそれが会社の命令、上司の命令であったとしても正義と誠実に反することは致しません。相手善し、自分善し、社会善しが基準です。

20 利益の考え方

我々は会社で生み出す利益の配分をお客様からの感謝高として考えます。その感謝高の配分の順序を1 社員、2 お客様、3 株主であると考えます。

21 幸せのための提案

お客様が望んでいるものだけでなく、お客様にとって最適なプランをチームとして勇気と熱意とスピードを持って提案し、アドバイスします。

22 価値連鎖企業

我々は正当で永続的な利益確保のできるエクセレントカンパニーを目指し、地域・社会・世界の発展に貢献します。個々人では出来ない貢献を、ミック全体のチームで成し得る事に誇りを持ちます。

23 謙虚な姿勢

ミックや自分がどんなに大きく、どんなに有名になろうとも、我々は謙虚な姿勢を忘れません。現在の成果は過去の積み重ねであり、未来の成果は現在の積み重ねです。常に謙虚に受け止め、周りに対し感謝と報恩を忘れません。

24 お客様

同僚も含め世の中の全ての人がお客様です。さらにお客様とのお付き合いはご契約頂いて50点、ご紹介頂いて80点、一生涯を超えるお付き合いが出来て100点と考え、住生活環境の向上を実現する身内となることを誓います。

mic STANDARD

1｜クレド

クレドとはミックの信念・行動指針であり、全社員の行動基準となるものです。私達は、これを真摯に受け止め、ミックの社員として誇りを持って実行することを誓います。

2｜人を尊敬する

全ての人を尊敬する謙虚な姿勢を持ち続けます。素直に良い所を探し、学び、尊敬します。また尊敬の念を込めて人格を尊重した風土を築きます。身近な人に尊敬されれば最高です。

3｜めんどくさいことをする

我々はプロとして上限無きスキルを高めると共に、全ての人に感動して頂く為にめんどくさいことを継続的に真剣に取り組みます。お客様がめんどくさいと思っている事を行います。

4｜3GIVE 1TAKE（与える 与える 与える）

与えて、与えて、与える精神を培います。我々は与える企業・与える人であることに誇りを持ちます。正しい人間観の共有を目指し、1つ頂き、天に2つ貯金します。

5｜持たざる経営

世の中の変化に対応し続ける為に持たざる経営を目指します。常にムリ・ムダ・ムラの排除を実践します。持っているところとコラボします。

6｜回転期間重視

我々は全ての業務・行動・コミットが利益に繋がると考え、スピードを常に意識し、日々の業務に取組みます。回転期間は利益率と同じく、サービスの付加価値と考えます。

7｜継続は力なり・スピードなり・差別化なり

当たり前のことを継続することで、継続力がどんどん速くなり、他社とのスピードに勝り、差別化となります。継続こそが他社に真似出来ない差別化されたサービスと考えます。

8｜仕事の考え方

我々はプロとして情熱を持って日常業務を遂行し、責任を持ちます。パートナーとの共通意識を常に持ち、事業バランス・業務バランスを意識します。

9｜報酬

我々の受け取る給料は会社から貰っているのではなく、お客様へのサービスの対価として報酬が還流した「感謝高」であると考えます。提供するサービスは報酬を常に上回るよう、感謝度を常に意識し、努力します。

10｜モノ作りへのこだわり

我々はお客様が望むもの以上の最高のモノを創るために「最高の提案と感謝度の高い成果」を心がけます。お客様をご紹介頂く為に、プロセスの感謝度、ご利用後の感謝度を確認し次の成果へ繋げます。

11｜アフター

引き渡した後が本当の仕事です。我々は一生涯お付き合いできる人間関係を築きます。親子3代のお付き合いを実現させるべく、お客様感謝度を常に意識します。

12｜チャレンジ精神

行動を起こすことで犯してしまった失敗を我々は咎めません。失敗から情報を共有し、次のチャレンジ、次の変化につなげます。委員会や企画事業にも積極参加します。

不動産会社ではなく、「総合生活産業」グループとして

ミックグループについて知っていただくうえで、もうひとつ重要なキーワードが「我が社の目的」の二番目に掲げている「総合生活産業」です。

当社は、不動産の売買・賃貸の仲介事業をメインにしつつ、注文住宅の販売、住宅リフォーム、不動産コンサルティングといった不動産関連事業を展開していますが、自分たちのことを「不動産会社」だとは考えていません。

私たちが志しているのは「総合生活産業」です。つまり、不動産に限らず、生活に関するあらゆるサービスをお客様に提供していくことを目指し、これまで事業を行なってきました。

現在の事業部門とその主な内容は、次のとおりです。

①不動産売買・賃貸仲介事業……不動産売買・賃貸の仲介

②建築・リフォーム事業……注文住宅、デザイナーズ住宅／中古住宅、マンションのリ

フォーム、リノベーション／賃貸オーナー様向け小工事／外構工事、ガーデニング

③不動産買取・再生事業……不動産の買い取り、再生

④コンサルティング・資産運用事業……不動産コンサルティング、資産運用、経営代行／不動産ソリューションビジネス

⑤管理・サポート事業……お部屋探し、賃貸管理／マンション管理

⑥関連サービス事業……保険プランニング

⑦新規戦略事業……海外ビジネス事業／フランチャイズ事業

⑧アフターサービス事業……お客様総合相談窓口

以上のような不動産関連事業のほか、近年では訪問医療、介護、保育、飲食、アパレルなどの事業に多角化展開しています。すでに本格的に稼働しているのは次の事業です。

⑨ライフアップ事業……訪問医療、デイサービス、保育園、英会話学童

⑩飲食事業……弁当店、居酒屋、パティスリー

⑪民泊（簡易宿泊）事業……B&B（Bed&Breakfast）

⑫**地域活性支援・プロデュース事業**……商店街の事務局、イベントの企画・運営
⑬**アパレル事業**……アパレルブランド「Ｈ·ｉ·Ｌ·ｉｆｅ（ハイライフ）」の展開

不動産以外の事業を展開する目的については、本章の後半、および第3章で詳しくお話しします。

なぜ、私たちは単なる「不動産会社」ではなく、さまざまな事業を多角的に展開する「総合生活産業」を志したのか。

はじめは「必要に迫られて」という、どちらかと言えば受け身の理由からでした。

当社は、先代社長の父の時代から、不動産売買・賃貸の仲介をして儲けようというよりも「善いことをしよう」「お客様や社会の役に立とう」ということを第一にビジネスを展開してきました。営業手法も独特で、「物件を買いたい人・売りたい人がお客様」という発想ではなく、「出会ったすべての人がお客様」と考え、その人の求めていること、困っていることをお聞きして、それを叶える、解決するお手伝いをしてきました。

そんなスタンスでお客様と接しているので、依頼される案件も「家を買いたい・売りたい」

だけではなく、「いま住んでいる家のここを直したい」というちょっとした修繕や「保険を見直したい」という保険の相談、「冷蔵庫を買い替えたいけど、どうしたらいいか」という家電の新規購入の相談まで、住まいに関するあらゆる相談ごとが持ち込まれるようになったのです。

当時は、まだリフォーム事業や保険事業は行なっていませんでしたし、家電についての専門知識もなかったので、そうした不動産売買・賃貸以外の相談があると、提携していたリフォーム会社や保険会社、知り合いの家電販売店を紹介することで対応していました。

ただ、なかには紹介した業者が杜撰《ずさん》なリフォーム工事をして、お客様からクレームをいただくこともありました。工事をしたのはリフォーム会社なので、本来であれば、当社に責任はありません。しかし、お客様としては「三春さんのところで紹介してもらった」という思いがあるし、何よりこちらの営業マンのほうが付き合いが長く、何でも言いやすい関係なので、結果としてクレームが当社に回ってきてしまっていたのです。

私たちとしてはもちろん、工事をしたリフォーム会社に文句を言って、再工事や補償を依頼しますが、それを受けるかどうかは相手次第です。「うちは依頼どおりやった」「何も問題はないはずだ」と拒否されることも多々ありました。そんなときは、納得できない思いを抱きながらも、「いちばん困っているのはお客様自身なのだから」と、私たちが手抜き工事の弁償をしていたのです。

そんなことが何度かあった後、「だったら、自分たちで最後まで責任が取れるようにしよう」という話になり、社内でリフォーム事業を立ち上げることになったのです。自分たちでリフォーム工事ができる体制があれば、お客様のご要望どおりに最後まで責任を持って工事を行なうことができるし、もし不具合があったとしても、それは自分たちのミスとして真摯に対応できます。そのほうがお客様にもご満足いただけるはずだし、何よりも自分たちが納得できると考えたのです。

保険も同じです。当初は保険会社と提携していたのですが、保険が下りる、下りないでお客様とのトラブルがあり、「ならば自分たちで」と保険事業を立ち上げました。

そうやって大事なところは自分たちで責任が取れるように自前で事業化していくうちに、徐々に手がける事業が増え、「総合生活産業」の土台ができあがっていったのです。

社員を守るために、オンリーワン&ナンバーワンを目指す

はじめは「必要に迫られて」手がける事業が増えていったのですが、ある時期からは「総合生活産業こそ、私たちが目指すべき理想の企業の姿かもしれない」と考え、戦略的に多角化していくようになりました。

それは、不動産業界で企業として存続し続け、社員たちを守っていくためです。

社員とその家族の生活を守るには、何より会社が存続し続け、発展拡大していくことが不可欠です。会社が存続し、発展拡大を続ければ、安定的な雇用を保障できるし、毎月の給料をきちんと払い続けることもできます。また、新しい社員を定期的に採用することもできます。

ただ、会社の「存続」を最優先に考えるならば、当社の本業である不動産売買の仲介事業は、本来「やってはいけない事業」のひとつだと言えます。というのは、そもそもの事業特性として、存続しづらい業種だからです。

なぜ、不動産売買の仲介は事業として存続しづらいのか。その原因は、取引スパンの長さに

あります。

事業存続のために安定的な売上げを上げるには、できるだけ多くのお客様に自社の商品やサービスのファンになっていただき、短いスパンで定期的に購入してもらうことが一番です。たとえば、食料品ならば毎日もしくは週ごと、月ごとに買っていただくことができますし、衣料品もシーズンごとに買い替えてもらうことが可能でしょう。しかし、毎週もしくは毎月、家を買う人はいません。

こちらがどれだけがんばって宣伝や営業をして、お客様との信頼関係を築き、家を買っていただいたとしても、その人が次に買ってくれるのは早くても二〇年、三〇年先の話。そもそも買い替えるかどうかの確証もありません。一般的な不動産売買の仲介業者であれば、月々の売上げを上げて、会社を存続させるには、二〇年後、三〇年後にお客様になるかどうかわからない人を追い続けるわけにはいきません。「次のお客様。それが終われば、また次のお客様」と新規客の開拓をし続けなければならないのです。

そうなると「家を買いたい（売りたい）お客様をいかに数多く見つけ、希望どおりの提案ができるか」ということの勝負となり、営業や宣伝にかけられる人的・金銭的資本のことを考えれば、大手のほうが圧倒的有利になります。もし当社が創業時のまま、不動産売買の仲介業だけの会社だったら、きっと四〇年も存続できなかったと思います。

世の中を見渡しても、不動産会社で長く残っているのは、ほとんどが賃貸管理会社です。賃貸管理業務であれば、固定収入として毎月決まった売上げが上がるので、いちど軌道に乗れば、会社として存続していくことは難しくありません。

生き残りが難しい事業を展開しながら会社として存続していくには、何か他社と違うことをやっていかなければなりません。そこでまず考えたのが、地域に根差し、ご紹介を大事にする営業スタイルです。

その営業スタイルを端的に表したのが、経営理念の「親子三代のお付き合い」という条項であり、ミックスタンダードの「24：お客様」の項にある「お客様とのお付き合いはご契約いただいて五〇点、ご紹介いただいて八〇点、一生涯を超えるお付き合いができて一〇〇点」という言葉です。

「親子三代のお付き合い」とは、たとえば次のようなことです。四〇代のご夫婦に家を買っていただいたとします。そのご夫婦にお子様がいれば、実家を出るタイミングで賃貸物件探しのお手伝いができるかもしれません。また、ご夫婦のご両親が高齢になって「家を売りたい」という話になれば、そこでも私たちがお役に立てることがあります。そうやって、家を買っていただいたご本人だけではなく、ご紹介を通じてそのお子様やご両親にも関わらせていただくことが「親子三代のお付き合い」なのです。

ただ、いくら「親子三代のお付き合い」といっても、不動産の売買や賃貸という具体的な案件があるときだけ、お客様のところにおうかがいするスタイルでは、やはりお客様との次回までの関わるスパンは長く、関係性は疎遠になってしまいます。

その間を埋めるため、結婚記念日にお花を贈ったり、定期的にハガキを出したりしてアフターフォローを充実させてきましたが、あるとき「一〇年、二〇年と関わりを持ち続けるのであれば、その間の生活でお役に立てることを事業化すればいいのではないか」と思い至ったのです。それが「ロングライフプロデュース」という考え方です。

結婚し、お子様が生まれたときには、資産運用や保険、生涯設計の見直しをお手伝いする。高齢になったご両親を呼び寄せて同居を始めるときには、住んでいる家のバリアフリー化や、二世代同居住宅へのリフォームを引き受ける。会社を定年退職し、どこか地方へ移住するとなったら、住み替えに向けて現在の家を売却したり、お子様への相続相談に対応する。また現在では、保育園やデイサービスといった不動産以外の事業も運営しているため、共働きのご夫婦にはお子様を預けていただけるし、介護が必要な高齢のご両親のサポートをすることもできます。

そうやってお客様のライフステージが変わる人生の節目、節目で関わらせていただき、四〇年、五〇年の長いお付き合いをさせていただく。お客様の人生に寄り添うパートナーとなるには、まさに「総合生活産業」というかたちが最適だったのです。

また、いまでこそ「総合生活産業」とネットで検索すれば、さまざまな企業がこの言葉を用いていますが、私たちが使いはじめたころは、ほかにはない、まったく新しいカテゴリーでした。

私たちが「総合生活産業」という新しい業種を生み出したのは、オンリーワンもしくはナンバーワンの存在になるためです。

どんな業界・業種であろうと、その分野でナンバーワンの会社は必ず生き残ります。

では、どうすればナンバーワンになれるのか。方法は二つあります。ひとつは、同業他社がしのぎを削る土俵に自らも上がり、そこで勝ち上がっていくこと。もうひとつは、ニーズはあるけれど誰もいない土俵を自らつくり出し、そこで成長発展していくことです。

私たちが選んだのは後者の道でした。つまり、「総合生活産業」というこれまでにない新しい業種を生み出し、切り拓いていく。当社がオンリーワンであり、ナンバーワンになれる領域を自分たちでつくり上げたのです。


「総合生活産業」という言葉に、私は強いこだわりを持っています。

私がまだ副社長だったとき、ある雑誌の取材で記者の方から「御社を生活総合産業というカテゴリーに分類してもいいか」と打診されたことがありました。聞けば、ほかに「総合生活産業」を名乗る会社がなく、特集の構成上、ほかの似たような会社とともに「生活総合産業」としてまとめたい、とのことでした。先方としては、「総合生活」も「生活総合」も言葉の順番が違うだけで業務内容は同じだろうと考え、そう提案してきたのでしょう。

しかし私は、その申し出をお断りしました。単純な言葉の意味だけを考えれば、「総合生活」も「生活総合」も同じかもしれません。けれど「総合生活産業」という業種は、私たち独自のものであり、その独自性こそが最も重要だったからです。言葉の意味や順番の問題ではないのです。

はじめは記者の方も「そこを何とか」と粘ってきましたが、私が「もし業種を変えて掲載するのであれば、取り上げていただかなくても結構です」と強くお伝えしたため、最終的にはこちらの意向を汲んで、当社だけ「総合生活産業」として掲載してくれました。

「総合生活産業」という言葉には、自分たちがオンリーワンかつナンバーワンとして業界で生き残り、社員を守っていくんだという、私の使命感や覚悟も含まれているのです。

「四方善し」――社員を幸せにしてこそ、お客様や社会も幸せに

経営者としての私の使命は、総合生活産業を通じてお客様を幸せにするとともに、会社を存続させ、社員とその家族の生活を守り抜くことだと考えています。

社員たちには、事業を通じて自らを成長させ、夢や目標を実現し、幸せになってほしいと考えているし、ことあるごとに社員たちにそう伝えています。

「我が社の目的」の第一に人間づくり、すなわち社員の成長を掲げていることからもわかるように、当社は社員第一主義をモットーとしています。

ただ、だからといって、身内の利益ばかりを優先し、お客様や地域社会への貢献をなおざりにしているわけではありません。

当社が目指しているのは「四方善し」。つまり、「社員」はもちろん、「会社」も「お客様」も「地域社会」も幸せにすることです。

「我が社の目的」の二番目に「総合生活産業を目指す」と掲げているのはお客様を幸せにするためだし、三番目には「社会の繁栄と豊かさと幸せに貢献する」と謳っています。また、「経営理念」には「お客様が勝つ、地域が勝つ、施主が勝つ」「喜ばれる仕事をして、自ら喜ぶ」という条項もあります。これらは、まさに「四方善し」を、別の言葉で表現しているのです。

世の中を見渡せば、多くの企業が「顧客第一主義」を標榜し、経営理念や経営方針に「お客様第一」「お客様を大切に」「お客様のために」といった言葉を掲げています。たしかにお客様を大切にすることなしに、企業活動は成り立ちません。しかし、お客様や会社の都合を優先するあまり、社員に過度な労働を強いて苦しい思いをさせるのは、企業として健全なあり方ではないと、私は考えます。

会社としてまず考えなければいけないのは、社員の幸せです。社員が自らの幸せを実現する

図表**1**

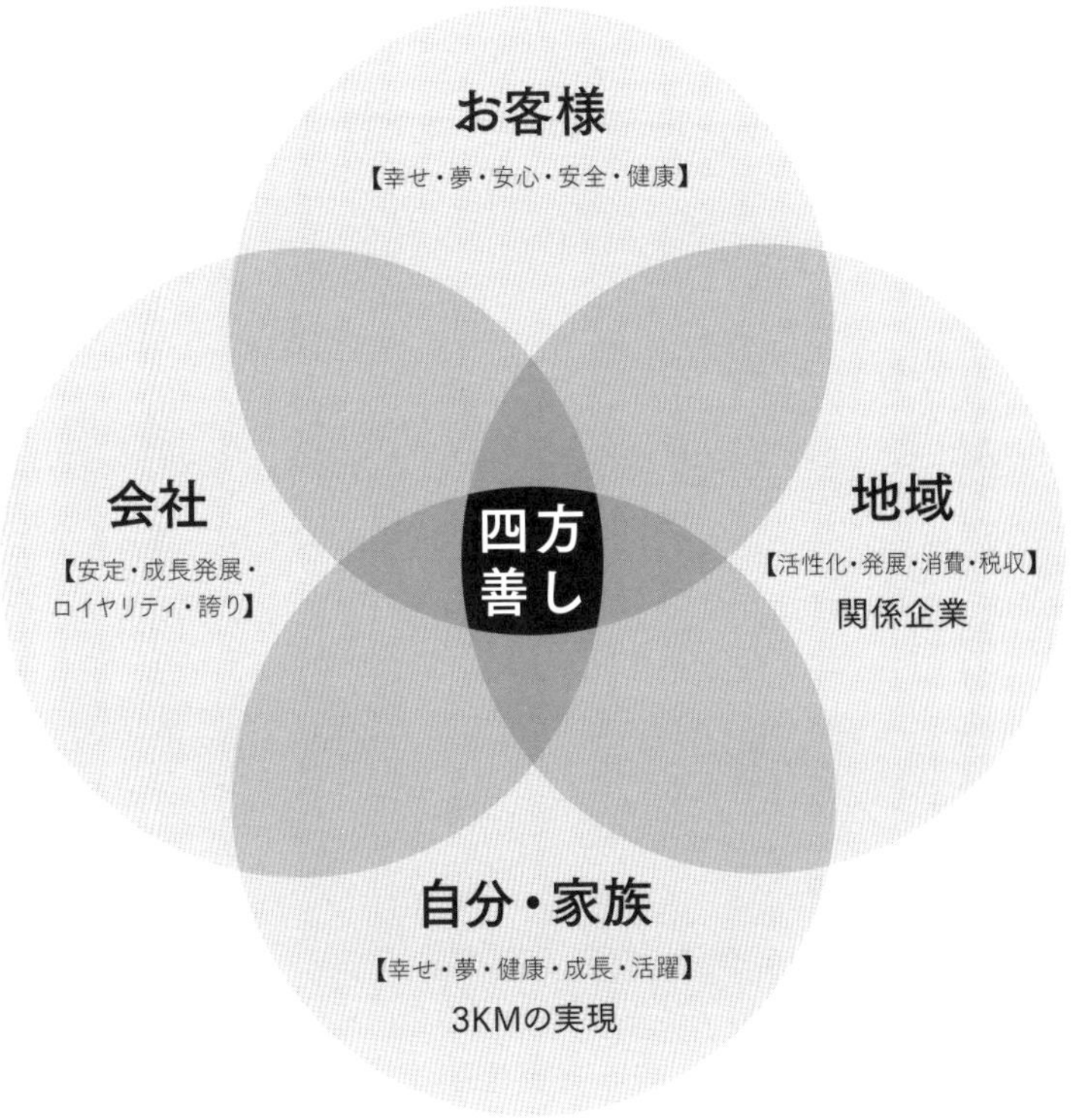
お客様
【幸せ・夢・安心・安全・健康】
会社
【安定・成長発展・
ロイヤリティ・誇り】
四方
善し
地域
【活性化・発展・消費・税収】
関係企業
自分・家族
【幸せ・夢・健康・成長・活躍】
3KMの実現

ため、真剣に仕事に取り組むなかで、お客様も幸せにして、会社にも社会にも貢献する。それが当社の目指す理想的な会社のあり方です。

たとえ、自分の幸せの追求がきっかけだとしても、社員たちが懸命に仕事に取り組み、成果を上げていけば、事業は拡大発展し、必ずお客様の幸せや地域社会の繁栄にもつながっていきます。逆に言えば、自分自身が生活に困窮し、衣食住に困っている不幸せな状況であれば、自分のことで精いっぱいで、ほかの誰かのために活動したり、地域社会に貢献したりすることはできません。

ひとつ例え話をしましょう。もし目の前に食べる物がなく、ひもじい思いをしている人がいて、あなたが一食分のパンを持っているとしたら、あなたはどうしますか？

この例え話はよく社員たちにも投げかけるのですが、たいていの人は「パンをあげます」と答えます。たしかにそのパンによって、ひもじさというその場の問題は解決できるかもしれません。しかし、それは本当に相手のためになっているのでしょうか。私はそうは思いません。なぜなら、お腹を空かせた人は、しばらく経てばまた空腹に悩まされるでしょうし、人から食べ物をもらうことを覚えてしまったので、次の空腹も、また次の空腹も物乞いをして満たそうとするはずです。相手にパンを差し出し、その場を立ち去っていくことは、一見、その人を助けているように見えて、実際には単なるその場しのぎであり、相手を見殺しにしているのと同じことなのです。

もし私が同じ状況に直面したら、現在の空腹という当面の課題を解決するためにパンを差し出しつつ、「うちの会社で働いてみないか」と働きかけたり、どんな仕事でもいいので自分で稼ぐ術を教えてあげます。そうすれば、その人は自分で稼いで、自分で食べ物を手に入れることができるようになるし、やがてはほかの人や地域社会に貢献ができるようになります。そこまで持っていくことができて、はじめて真の人助けになるのです。

当社が目指しているのは、単にお客様に喜んでいただいたり、社会のために貢献したりすることではありません。自分たちの事業を通じて、人（社員）が働き、成長できる環境をつくり、その人（社員）の仕事を通じて、お客様に満足し、幸せになっていただくこと、会社や社会全体の繁栄に貢献することなのです。

会社の業績が上がれば、事業を拡大し、さらに多くの人を雇用できます。より多くの税金を納めて、そのお金で社会保障制度やインフラを充実させることもできます。そうした「四方善し」の循環を回していくためにも、何よりも会社で働く一人ひとりの社員が成長し、目の前の仕事に対して一生懸命に取り組むことが不可欠なのです。

ただ、この「四方善し」の考え方を本当の意味で腹に落とし、日々の仕事のなかで実践していくのは、実は簡単ではありません。

たとえば、当社では社員の成長のため、建築・不動産分野や金融・保険分野の資格取得を奨励し、そのためのさまざまな教育プログラムや支援制度を設けています。社員たち自身のがんばりのおかげもあり、高い合格率を達成できているのですが、なかには何回試験を受けてもなかなか合格できない人もいます。そんな社員に「なぜ、資格取得を目指しているのか」と聞くと、たいてい「自分の将来のため」「キャリアアップのため」という答えが返ってきます。

もちろん、自分のためにがんばることは否定しません。でも資格は本来、お客様に信頼をしてもらうため、お客様に質の高いサービスを提供して喜んでもらうために取得するものです。お客様に喜んでもらえれば、ひいては会社全体の業績や評判のアップにもつながります。そうした「お客様善し」「会社善し」の視点がなく、「自分善し」しか見えていない人は、やはり伸び悩んだりしています。

また、不動産の売買や賃貸の仲介をしていると、お客様から「手数料を負けてくれ」とお願いされることがあります。それまで自分の時間を差し置いて、お客様のためにいろいろな資料を準備して、熱心に提案をしてきた営業マンほど、「お客様善し」の気持ちに傾いているため、そのお願いに対して「お客様が喜ぶなら」と受け入れてしまいがちです。しかし、手数料を負けるということは、会社に入ってくるお金が少なくなるということです。つまり、「会社善し」にはなっていない。また、手数料を負けた結果、「自分善し」にもならない。「お客様善し」を過度に重視するあまり、ほかのところでマイナスの影響が出てしまうのです。

自分、会社、お客様、地域社会の四方のバランスを考え、自分の判断や行動がどこにどのような影響を及ぼすのか、そのつど、真剣に考えていくことは重要です。「自分のため」「お客様のため」によかれと思ってやったことが、実はほかのところでマイナスになるというケースはよくあることです。

私自身、聖人君子ではないし、物事のすべての因果関係を見通せるわけではないので、必ずしも「四方善し」が実現できているわけではありません。だからこそ、自分の判断や行動が自分自身や周囲の人たちにどのような影響を及ぼすのか想像し、なるべく「四方善し」になるように、日々試行錯誤を繰り返しています。

振り返ると、私が「四方善し」を理解し、腹に落とすことができたのは、三〇歳のときに原因不明の病魔に襲われて入院をしたことがきっかけでした。

病気の経緯については、前著『地域一番の不動産会社が世界の総合生活産業を志す日』（日経BPコンサルティング）に書いているのでここでは詳しく触れませんが、私の入院はちょうど当社の創業三〇周年記念イベントのタイミングと重なり、ハワイで行なわれた全社挙げての大事なイベントに参加できないばかりか、何もできず一人病院のベッドに横になっていた私は、失意と絶望のどん底にいました。

そんなとき、ハワイからかかってきた父の電話で、私は自分のまわりのすべてに感謝することの大切さ、そして「社員とその家族を幸せにすることこそ、自分の天命」だと気づくことができました。

生まれてはじめての大病を患い、自分の無力さや、失意と絶望のどん底を味わうことで、私ははじめて「四方善し」の真の意味を腹の底から理解することができたのです。

それゆえ、「四方善し」の話を新人研修などでするときも、新入社員の彼らがすぐに理解できるとは思っていません。むしろ「私が何を言っているのか、さっぱりわからないと思うよ」「理解できるのは、一〇年後、二〇年後かもしれないよ」と正直に伝えたうえで話しています。

必ずしも「いま」理解できなくてもいい。ただ、私にとっての病気や入院のように、社員たちにも、いつ、どんなきっかけが訪れるか、わかりません。だからこそ、「そのとき」が来たら、「あのとき、社長が話していた『四方善し』って、こういうことだったのか！」とわかってもらえるよう、種まきのつもりで研修や朝礼などで繰り返し「四方善し」について社員たちに話をしています。すぐに理解できなくても、まずは「四方善し」という考え方があることを知っておくことが大切なのです。

幸せとは、自分の夢や目標を実現すること

当社が事業展開していくうえで、「四方善し」は核となる理念ですが、実は以前は「三方善し」という言い方をしていました。

「三方善し」の三方とは、「相手（お客様）」「自分（当社）」「第三者（地域社会）」です。しかし私が社長になってから、「自分（当社）」を「会社」と「自分（社員）」に分けて、お客様・会社・自分（社

員）・地域社会の四方としました。

それは、社員たちと日々接するなかで、いまの若い社員たちの人生観、仕事観の変化を感じとったからです。

以前であれば、一人ひとりがしっかりと働いて成果を出し、会社全体の業績が上がり、その結果、自分の給料が上がれば、社員たちは満足していました。要するに「会社善し」が、イコール「自分善し」になっていたのです。

しかし、いまの若い世代は違います。がんばって働いて給料が上がったとしても、それだけでは満たされず、幸せだと感じられない人が増えているように思います。むしろお金以外の何か、心を満たしてくれる自分だけの何かを求めている。

だからこそ、社員一人ひとりが仕事を通じて自分の幸せを実現できるように、「自分善し」を独立させたのです。それはつまり、仕事をするのは「会社のため」ではなく、「自分のため」ですよ、というメッセージです。

と同時に、社員たちに対して、ことあるごとに「あなた自身のがんばる理由を探せ」という話をするようにもなりました。

理由は何でもいいのです。以前のように「給料アップが幸せ」という人は、目標年収を設定すればいい。「お客様に喜んでほしい」という人は、具体的にどう喜んでもらえれば、自分もうれしくなるかを考える。「家族みんなが元気に、やりたいことができる生活を送りたい」という人は、家族で何をしたいか、またそのためには何が必要かを考える。

大事なことは、自分なりのやりがいを見つけること。「自分善し」を実現するには、そもそも「どうなれば自分は幸せなのか」という自分の夢や目標を具体的に設定することが不可欠なのです。

私がよく「『何のために生まれてきたのか』『何のために働くのか』を考えなさい」と言うのも同じことです。せっかくこの世に生まれてきて、仕事をするのだから、漫然と日々を過ごし、働くのではなく、「何のために」という自分の使命や社会における役割を意識する。使命や役割を意識すれば、自然と真剣に生きよう、本気で働こうという気持ちになります。また、その「何のために」が実現できれば、幸せを感じられるだろうし、たとえいま死んだとしても後悔しない人生だと思えるはずです。

逆に、「がんばる理由」や「何のために」が明確でない人は、どこかで息切れしてしまう可能性が高いと思います。そういう人は、まわりから「がんばれ、がんばれ」と言われ続け、懸命になってがんばるけれども、何年か経って「がむしゃらにやったけど、達成感もないし、むしろ疲れた」と感じてしまい、仕事を辞めてしまうケースが少なくありません。

がんばった先に何があるのか。ひと昔前であれば、それは昇給であり、家やクルマ、欲しいものを手に入れられる豊かな生活の実現でした。しかしいまは、人生に対する価値観が多様化し、幸せのかたちはひとつではなく、人それぞれです。それゆえ、私は社員たちに「がんばる理由を見つけておくように」と繰り返し伝えているのです。

これからの時代、「何のために生きるのか」「何のために働くのか」という目的意識や、自分なりの「がんばる理由」を明確にしておくことは、社会に出て働くうえで必要不可欠な条件となっていきます。

今後、AIをはじめとしたテクノロジーの進歩によって、これまで以上にさまざまな仕事が無人化、機械化されていくでしょう。単純な作業であれば、人間よりも機械のほうが圧倒的に効率よく、正確にできるようになります。

だからこそ、これからの仕事は、「何をするのか」という内容よりも「何のため（誰のため）にするのか」という目的のほうが重要になると、私は思うのです。「何のために」「誰のために」を考え、実行するところにこそ、人間らしさ、その人らしさが表れ、機械やロボットとの明確な差別化になるのではないでしょうか。

感謝高達成＝理念の実現＝自分の幸せ

社員一人ひとりが、自分自身の「何のために（生きるのか、働くのか）」を明確にして、日々の仕事を通じて実現していく。それは、社員第一主義をモットーとする当社が目指していることでもあります。

一方で当社は、社員だけではなく、お客様・会社・地域社会も幸せになる「四方善し」を掲げています。つまり、ミックの社員である以上、「何のために」という目的は、自分だけではなく、お客様も会社も地域社会も含めた視点から考えてほしいと思っています。

それは高度なことかもしれませんが、わかりやすく表現すると、

「感謝高達成＝理念の実現＝自分の幸せ」

ということになります。

感謝高とは、お客様からいただく「よかったよ」「ありがとう」という感謝の言葉です。

当社は、不動産の売買や賃貸の仲介というサービスを提供することで、お客様から仲介手数料というかたちで対価をいただいています。ただ、私たちとしては、提供しているのはモノやサービスではなく、「お客様が理想とする暮らしを実現してあげること」「生活面で抱えている問題を解決してあげること」であり、お客様に「喜んでいただくこと」「幸せになっていただくこと」が自分たちの仕事（ミッション）だと考えています。そのミッションが達成できれば、「あなたのおかげで、いい家が見つかった（困っていることが解決した）。本当にありがとう」という感謝の言葉をいただくことができるはずです。そして、その感謝の気持ちの表れが、お金（売上げ）だと考えています。

つまり、私たちが行なっていきたいのは、ただ単にモノやサービスを提供して売上げを上げていくことではなく、お客様に喜んでもらい、お客様からいただける感謝の気持ちを積み上げていくことであり、だからこそ「売上高」ではなく、「感謝高」なのです。

また、お客様を幸せにすることでいただける感謝高は、まずは会社に入って、会社を潤します。会社全体の業績が上がれば、雇用も安定し、がんばって感謝高を上げてくれた社員一人ひとりの年収も上がります。年収が増えれば、自分や家族がしたいことを実現できたり、行きたいところに行ったり、食べたいものを食べたりと、自分の夢や目標を実現できます。さらに、社員がお金を使うことで、地域の経済が潤い、その地域で働いている人たちの給料も上がっていきます。そのなかから「新しい家を買いたい」「もっと広い部屋に引っ越したい」という人も出てくるかもしれません。そんな人たちが、当社の新たなお客様になるのです。

そうしたサイクルが回っていけば、お客様、会社、社員、地域社会の四者がそろって幸せになる「四方善し」という理念も実現できます。

「感謝高達成＝理念の実現＝自分の幸せ」とは、そういうことなのです。

社員たちにはよく「年収目標は高く持つべきだ」という話をするのですが、その真意も「四方善し」のサイクルに当てはめて考えると理解していただけるはずです。

年収が高いということは、イコールより多くの感謝高を上げて、会社に貢献しているということになります。それはつまり、お客様のために一生懸命に働いて、多くの人から「ありがとう」という言葉をいただき、人の役に立っている証拠です。当社で高い年収目標を掲げることは、「自分はたくさんの人の役に立つ仕事をして、たくさんの感謝高を上げていきます」という決意宣言と同じなのです。逆に年収目標が低い人、給料は低くても構わないという人は、私から見れば「世の中の役に立つ意識がない人」であり、当社の目的である「格調高い本物の人間」とは逆行しているのです。

いまの世の中は「お金」が主要な価値基準、判断基準になっているので、私も「年収」という言葉を使っていますが、それは「儲ければいい」「売上げを上げればいい」という意味ではなく、大切なことは「どれだけたくさんの人の役に立つか。喜んでもらうか」であり、積み上げていくべきは何よりも「感謝高」なのです。

お客様からたくさんの感謝高をいただくには、それ以上にこちらが与えなければなりません。お客様の声に耳を傾け、お客様が求めているものを提供し、困っている問題を解決する。お客様のことを真剣になって考え、行動をすれば、必ず多くの感謝高をいただくことができ、それがひいては社員自身の幸せにもつながっていくのです。

「1×10」から「10×10」へ

経営者である私の使命は、会社を存続・発展させて、社員とその家族を守っていくことにあります。そのためには会社全体としての感謝高を上げていく必要があり、「会社全体の感謝高＝社員一人ひとりの感謝高の総和」であることを考えれば、社員たちが目標とする感謝高を達成できる「環境」や「仕組み」をつくっていくことが私の重要な仕事となります。

感謝高を上げていくには、二つの方法しかありません。「数を増やす」か、「単価を上げる」か、です。

私たちが取り扱っている「家」は、すでに述べたように取引スパンが非常に長く、人によっては一生に一度買うかどうか、というものです。となると、単純に「数」を追求するのは難しい。そこでまずは「単価」を上げていこうと考えたのが、「一×一〇《ワン・バイ・テン》」の戦略です。

これは「一人のお客様に一〇の契約をしていただき、お客様一人あたりの単価を上げていこう」ということで、具体的に言えば、家を買っていただいたお客様に、最適な保険プランをご提案したり、もしリフォームが必要になれば当社で請け負い、お子様が一人暮らしのお部屋探しをするのであれば条件にあった賃貸物件をご紹介する、ということです。先述した「ロングライフプロデュース」などと基本的には同じ考え方です。

「一×一〇」は、当社だけではなく、お客様にとってもメリットがあります。つまり、ミックで家を買えば、その後の保険もリフォームも資産運用もすべて、私たちが責任を持ってお世話できるので、安心して暮らしていただけるのです。

「総合生活産業」として発展拡大するなかで、この「一×一〇」によって一定の成果を上げることができました。そしていま、さらなる発展のために取り組んでいるのが「一〇×一〇《テン・バイ・テン》」です。

「一×一〇」が単価アップをターゲットとしていたのに対し、「一〇×一〇」は数量と単価の両方を増やしていくことを目指しています。

とは言え、再三お話ししているように、家は「一生に一度の大きな買い物」と言われるくらいなので、単純な数量アップは難しい。つまり、一人のお客様に短いスパンで何度も買っていただくことは現実的ではないし、営業スタッフの数を増やし、広告や宣伝にお金をかけて新規のお客様を開拓し続けることは、事業規模の大きな大手企業ならまだしも、私たちのような中堅では賢明な方法とは言えません。

「一〇×一〇」は、そうした単純な数量アップではなく、これまでミックが「総合生活産業」グループとして培ってきた多彩な事業の相乗効果で数量アップを目指す戦略です。

たとえば、当社の保育園を利用していただいている保護者の方が「家の購入（売却）を考えている」という話をしていたら、保育園のスタッフが「うちは不動産もやっているので」と不動産仲介を担当するクリエーション事業部の営業マンにつなぐ。あるいは「リフォームしたい」となれば、住宅のリフォームを担当する「Ｒｓｔｕｄｉｏ（アールスタジオ）」を紹介する。飲食店も同じで、もし接客をしていて、お客様が家の話をしていれば、ホールやキッチンのスタッフが「何でも相談に乗りますから」と本社の関連事業部の担当者につないでいく。不動産以外の事業部のスタッフが、お客様の不動産に関するニーズを掘り起こし、担当事業部につなぐことを、私たちは「トス上げ」と呼んでいます。

実際、過去にこんなトス上げの事例がありました。

いまは閉じてしまっているのですが、以前、飲食事業でイタリアンレストランの営業をしていました。そのレストランは、まさにミックらしい店舗で、二階建ての一軒家の一階をレストラン、二階を建築ショールームとしていました。

ある日、親子でランチにいらしたお客様がいました。そのときたまたま私が店にいたので、会計が終わったあと、「また来てくださいね」とお見送りをさせていただきました。食事代は、たしか二人で二〇〇〇円ほどだったでしょうか。

その後、ランチの営業を続けていると、先ほどのお二人が店に戻ってきました。私が「お忘れ物ですか？」と聞くと、お父様が「こちらは不動産もやっているんですよね？　ちょっと相談したいことがあって」とおっしゃるのです。そこで二階のショールームにご案内して、そこにいた役員にお二人の対応を引き継ぎました。そのお客様が五〇〇〇万円の新築物件をご購入くださったと役員から聞いたのは、翌々週のことでした。

五〇〇〇万円の新築物件なので、私たちがいただく仲介手数料は約三〇〇万円。その売上げを上げるためにかかった広告費はゼロで、むしろ二〇〇〇円のランチ代までこちらがいただいているのです。まさしく「一〇×一〇」の成功例だと言えるでしょう。

「家を買いたい（売りたい）」「自宅をリフォームしたい」という案件を取るには、通常であればチラシをまいたり、広告を出したり、営業マンがお客様を訪問するなど、それなりの人的・金銭的なコストがかかります。しかし、総合生活産業として多事業を展開する当社であれば、たとえば保育や飲食、介護、訪問医療など不動産以外の事業を運営するなかで、そこはそこできちっと収益を上げながら、同時に不動産需要やリフォーム需要を発掘し、トス上げすることもできます。また、そうした他事業からの紹介のお客様は、すでにミックグループのお客様なので、不動産の売買でも成約率が高い傾向にあります。

一方、お客様の立場に立ってみても、保育や介護のサービスを通じてミックグループのスタッフと関わっているので、気心の知れた彼らの紹介であれば、安心して住宅の購入やリフォームの相談をしていただけるはずです。

「一〇×一〇」は、総合生活産業である当社だからこそ、実行できる戦略だと言っても過言ではありません。そして、それは私たちとお客様の双方にとってのメリットを生んでいるのです。

事業拡大のイメージを視覚化した「一〇年ビジョンマップ」

「一〇×一〇」戦略に基づいて、当社では今後さらに多角化を進めていく計画を立てています。多角化経営を行なっていくうえでの「一〇本の柱」については、第3章で詳しくお話しします。

ここでは、事業拡大のイメージをビジュアル化した「一〇年ビジョンマップ」をご紹介します。
「一〇年ビジョンマップ」とは、その名のとおり、一〇年後の当社の姿をイメージするためのマップです。はじめてつくったのは二〇〇八年で、当時策定した「二〇一八年計画」を社員たちにわかりやすく伝える目的でつくりました。その後、毎年更新し、現在に至っています。

このマップの特徴は、現在を中心として、縦軸・横軸ともに未来への時間軸となっていることです。つまり、中心から外側に広がっていくにしたがって、一年後、五年後、七年後、一〇年後という未来の姿を表しています。また、縦軸は事業のタイプを表し、上がフロー型、下がストック型、横軸は事業の新規性で、右が既存事業、左が新規事業となります。

このビジョンマップを見れば、当社が今後行なっていきたいと考えている個々の事業がグループ全体のなかでどのような位置づけにあるのか、ひと目でわかるようになっています。

ビジョンマップの内容は毎年変化しています。なぜなら、中心が「現在」なので、会社の状況が変われば、一〇年後の当社の姿も変わっていくからです。また、以前は事業展開を検討していたが、いまは考えていないものは外しています。一年以内の目標は決めたら腹をくくって何としてもやり遂げるべきですが、五年先、七年先、一〇年先は現時点では確かなことはわからないので、現状に応じてどんどん変えていったほうがいいのです。

図表2

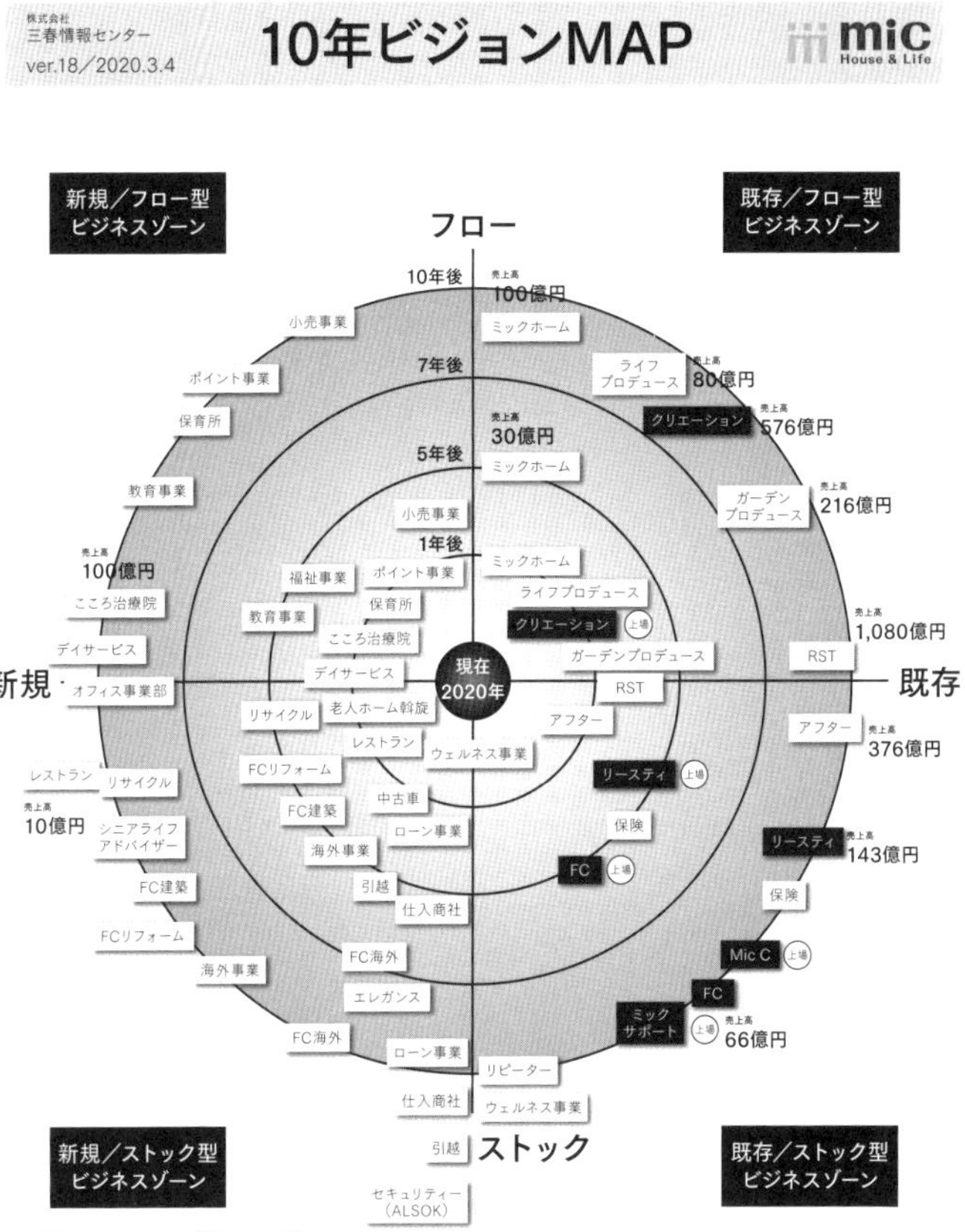

1《ワン》事業×《バイ》10《テン》事業 から

10《テン》事業×《バイ》10《テン》事業 へ

※売上高は目標になります

「一〇年ビジョンマップ」は、「ミックは一〇年後にこうなっているんだ」という具体的な目標を定めたものというよりも、私自身や役員、マネージャーたちが常に未来志向でいるためのツールだと考えています。

よく言われることですが、会社を経営したり、事業を運営するには、「望遠鏡」と「顕微鏡」を使い分けなければなりません。つまり、五年後、一〇年後の自分たちの会社や事業環境がどうなっているかという予測をしつつ、現在の会社や個々の事業、マーケットの状況を緻密に分析しながら、日々の業務を行なっていくのです。

とは言え、人間はどうしても目の前のこと、足もとのことに集中してしまいがちです。しかし、道を歩いているときもそうですが、足もとばかりを見ていたら、目的地へのルートを見失い、まったく違った場所に行ってしまいます。

だからこそ、常にミックの未来の姿をイメージしながら、現在の業務に取り組むために、このマップをつくったのです。

また、上下左右のすべてのスペースを埋め尽くさず、あえてところどころ空けているのは、このマップを見て、ぜひ社員たち自身にもミックの未来の事業を考えてほしいと思っているからです。私の頭の中には「あれをやってみたい」「これもやってみたい」と事業のアイデアが無数にありますが、そんな私の考えだけでこのマップを埋めてしまったら、社員たちが考える余地がなくなってしまいます。それぞれがミックの未来や自分たちの目標を思い描いてこそ、彼らの成長にもつながっていくのです。

二〇三〇年に向けた「100vision」

会社のさらなる成長のため、社長に就任した翌年の二〇一三年には「100vision」を策定しました。事業の多角化など、現在進行形で取り組んでいることも、すべてこの「100vision」に基づいています。

策定のきっかけは、あるコンサルタントの言葉でした。私は常々「生き残るためにはナンバーワンにならなければならない」と語り、そのためにその年度だけでなく、三年後、五年後を見据えながら事業を展開してきました。実際、店舗数は増えて、業績も伸びており、個人的には「目標に向かって着実に成長できている」という自信を持っていました。

しかし、私のそんな話を聞いた後、コンサルタントはひと言、こう言ってきたのです。「遅いですね」と。

「社長は、何をもって一番になりたいと考えているのですか？」

「その具体的な目標に向かって、どのような成長イメージを持っているのですか？」

コンサルタントから矢継ぎ早にそう問われたとき、私は何も答えられませんでした。日ごろ、社員たちに向かって「自分の目標を持て」「自分自身のがんばる理由を探せ」と偉そうに語っていたのに、トップである私が会社の未来の姿を明確に描けていなかったのです。ショックでした。

そこで、すぐに具体的な計画づくりに取り組みました。

はじめに漠然と考えたことは、「二〇二〇年のオリンピックの年に、粗利一〇〇億円を達成できたらすごいな」ということです。二〇一三年当時、当社の年間売上げは約三〇億円でした。年間一〇〇億円の粗利を達成するには、売上げとしては二五〇億円ぐらい必要です。売上げ三〇億円から二五〇億円という急成長を実現できれば、たしかに驚異的なことです。

ただ、その目標は、七年間という期間を考えると現状とのギャップが大きく、さすがの私も

「それは無理があり過ぎるな」と思いました。

そこで期間をさらに一〇年延ばし、「二〇三〇年に粗利一〇〇億円」はどうだろうと計算してみました。すると、毎年一・一一倍の成長で達成できることがわかりました。粗利増加率が年間一一パーセントであれば、決して不可能な数字ではない。それで目標の大枠として、「二〇三〇年　粗利一〇〇億円達成」が決まりました。

次にこの数値をどうやって具現化するのかを考え、「粗利一億円の店舗を一〇〇店舗にして、粗利一〇〇億円」を目指すこととしました。

この目標で特にこだわったのは、「一〇〇店舗」の部分です。

再三お話ししているように、会社を存続させ、拡大・発展し続けるには、ナンバーワンになることが不可欠です。「粗利一〇〇億円」という数値目標は設定しましたが、売上げや粗利だけを見れば、神奈川県内にはもっと高い数字を上げている企業はたくさんあります。それにお客様の視点に立ってみると、その会社を選ぶ基準が売上げや粗利であることは稀で、むしろ売上げや粗利の数字なんてまったく気にしていない人が圧倒的多数のはずです。であるならば、「売上げ（粗利）ナンバーワン」を目指すのは、当社としてはあまり意味がないのではないかと考えました。

では、何をもって、自他ともに認めるナンバーワンとなるか――私が当社に最もふさわしい目標だと考えたのが、「店舗数ナンバーワン」でした。

人間が認知する情報の大半は視覚を経由して入ってくるので、目に見える店舗数が最もお客様にインパクトを与えるはずです。つまり、街を歩いていて、あちこちでミックの店舗や看板を目にすれば、ミックという名前を覚えてもらえますし、「ミックという会社は業績が好調だから、店舗数が多いのだろう」という、ポジティブなイメージにもつながります。要するに「看板効果」です。

もちろん、やみくもに店舗数を増やしても意味はありません。そこで「粗利一〇〇億円」という数値目標に対して、適正な店舗数を検討しました。当時、一店舗あたりの年間粗利はだいたい五〇〇〇万円から一億二〇〇〇万円程度。とすると、平均で店舗あたり年間一億円の粗利は不可能ではないし、むしろ達成すべき目標だと言えました。一店舗一億円として、会社全体で一〇〇億円を目指すのであれば、必要な店舗数は一〇〇店舗となります。こうして「粗利一億円の店舗を一〇〇店舗にして、粗利一〇〇億円」という目標が固まっていったのです。

神奈川県を中心に一〇〇店舗もの支店を展開することについて、ほかの役員から「商圏が重なり、お客様を食い合うことにならないか」という懸念の声もありました。そこで独自に調査を行ない、県内の各地区の総世帯数やマーケット規模に対するミックのシェア率を調べました。すると、興味深い結果が出たのです。

たとえば、総世帯数に占めるミックのゴールドメンバー（一度でも当社を利用されたことのあるお客様）数を見ると、創業以来四〇年以上店舗を構え、現在は本社営業部をはじめ、上大岡店、上永谷店、港南台駅前店など五つの支店を展開する港南区でさえ、シェア率は五パーセント弱で、九五パーセントは当社のお客様ではありません。六つの支店とショールームがある磯子区でもシェア率は五パーセント弱、二支店とショールームのある栄区で六パーセント強と、当社の主要な商圏となっている地区ではだいたい同じぐらいの数字でした。

また、マインドシェアを調べたところ、売買七位、賃貸八位、リフォーム一五位で、私たちが長年謳ってきた「地域の不動産」でも四位という結果でした。「地域の不動産」でミックより上位にあったのは、大手不動産会社三社でした。

こうした数字を見て、私は「まだまだ成長する余地はある」「やるべきことはたくさんある」

と痛感しました。仮に一〇〇店舗出店したとしても、お客様を食い合うことはなく、むしろ補完関係になる。あちこちでミックの店舗や看板を目にしてもらうことで、ミックの認知度が上がり、何かあれば「ミックに相談に行ってみるか」と思ってもらえるのではないか。調査によって、そんなイメージを得られたので、私は自信を持って「一〇〇店舗」という目標を掲げることができたのです。

神奈川県内を見渡せば、不動産関連の企業で一〇〇店舗を展開する会社はほかになく、もし「粗利一億円の店舗を一〇〇店舗にして、粗利一〇〇億円」を達成できれば、店舗数においては少なくとも神奈川県でナンバーワンになれます。

私がずっと言い続けてきた「ナンバーワンになる」という言葉が、この時点でやっと具体的な目標となったのです。

目標実現のため、常に「三倍の手を打つ」

「100vision」のゴールは、「二〇三〇年に粗利一〇〇億円の達成」です。

そのゴールを実現するための具体的な数値目標として、前項で述べたように「一億円の店舗を一〇〇店舗」を掲げたのですが、実は「100v:is:ion」ではほかにあと二つの目標を掲げています。それが「年間一一一パーセントの粗利増加率」と「粗利一〇億円の事業を一〇本」です。

三つの目標のうち、ひとつでも実現できれば、粗利一〇〇億円は達成できます。では、なぜひとつのゴールの実現のため、わざわざ〝三つの手〟を打っているのか。そこには先代社長であり、私の父でもある春木裕児の教えがあります。

目標の達成や実現のため、父はいつも「三倍の手を打つ」ということをやっていました。

たとえば、普通の営業マンであれば、月間の粗利目標が三〇〇万円だとすると、仲介手数料が三〇〇万円になる物件を買ってもらおうと努力します。もしすべて営業マンの計画どおりに進めば、そうした考え方でもまったく問題はありませんが、往々にして不測の事態は起こります。お客様の都合で購入時期がずれたり、ほかの会社で物件が売れてしまったりと、自分ではコントロールできない状況が発生すれば、目標は未達となってしまいます。

だからこそ、父は「目標を絶対に達成したいならば、必ず三倍の手を打たなければならない」と言い、社員たちにもそう指導していました。つまり、三〇〇万円の粗利が目標ならば、三倍の九〇〇万円の粗利が上げられる方法を考え、同時進行で進めていくのです。
三倍の手を打っていれば、仮に何らかの事情でひとつの手がダメになっても、すでに次の手を打っているので問題ありません。

父はよくこう言っていました。「人間は、失敗するから挫折をするんじゃない。先が見えなくなるから、挫折をするんだ」と。ひとつの手しか打っていないと、それが頓挫したら次がなくなり、挫折します。しかし、三倍の手を打っていれば、AがダメでもB、BがダメでもCと、やるべきことがなくなることはないので挫折もしません。

三倍の手を打つとき大事なことは、すべてを同時進行で進めていくことです。九〇〇万円分の仕事を三〇〇万円ずつに分けて、ひとつずつやっていくのは、九〇〇万円ではなく、三〇〇万円を取りにいっているのと変わりません。三倍の目標に対して、三倍の取り組みをしっかりとやりきる。そうすることで、当初の目標の達成率が格段に上がるのです。

「１００ｖｉｓｉｏｎ」で「二〇三〇年に粗利一〇〇億円の達成」の実現のため、
「一億円の店舗を一〇〇店舗」

「粗利一〇億円の事業を一〇本」

「年間一一一パーセントの粗利増加率」

という三つの柱を掲げているのも同じ理由です。

まずは何よりも「一億円の店舗を一〇〇店舗」を目指すけれども、状況によっては店舗数が思いどおりに増やせない可能性もあります。その場合には、いま進めている事業の多角化によって、粗利一〇億円の事業を一〇個つくることにシフトする。「100vision」では、ミックグループの「一〇本の柱」として、
①「リフォーム」
②「建築」
③「飲食事業・小売事業」
④「教育事業」
⑤「インバウンド・海外事業」
⑥「シニア事業」
⑦「法人事業・買収事業」
⑧「ウェルネス事業」

図表**3**

多角化経営（コングロマリット経営）
※さまざまな異業種を多角経営している大規模な企業のことをコングロマトットという
事業ポートフォリオ（リスク分散）を組む
各部門のプロフェッショナルの創出
自己受注での10×10
①リフォーム
②建築
③飲食事業・小売事業
④教育事業
⑤インバウンド・海外事業
⑥シニア事業
⑦法人事業・買収事業
⑧ウェルネス事業
⑨固定収入
⑩仲介（賃貸・売買）
mic House & Life
[ミック] グループ
〈10本の柱〉
ビジネスの入り口を広げる
攻めと守りの事業戦略
地域80%シェアを目指すため、ミックの商圏エリア内で行なう

⑨「固定収入」
⑩「仲介（賃貸・売買）」

を挙げています。このそれぞれが一〇億円の事業に育てば、一〇×一〇で一〇〇億円になります。一〇〇店舗が地域における面展開だとすれば、多角化経営は地域の深掘りです。「100vision」では「面」と「深さ」の両方を追求していきます。なお、「一〇本の柱」の現状と展望については第3章で詳述します。

もし店舗の出店も一〇本の事業も計画どおりにいかなかった場合でも、第三の手として「人材の成長」があります。つまり、社員一人ひとりが毎年一・一一倍の成長率で個人目標を達成し続けてくれれば、二〇三〇年には会社全体で一〇〇億円に達することができるのです。

「100vision」を表明してから、当社では「一億円の店舗を一〇〇店舗」「粗利一〇億円の事業を一〇本」「年間一一一パーセントの粗利増加率」という三つの柱を実現すべく、同時進行で動いています。とは言え、二〇三〇年までに三つすべてを完璧に達成することは社員たちに求めていないし、きっと現実的に難しいと思います。だからこそ、ひとつ実現できたら「達成」、二つで「大達成」、三つすべてで「大大達成」という言い方をしているのです（P65参照）。

先述したように、社員たちが目標を達成できる「環境」や「仕組み」をつくっていくことも、経営者である私の重要な役割です。「100vision」で〝三つの手〟を、打っているのも、まさにそのためなのです。

社員たちが目標を持ち、懸命に努力をすれば、その目標を実現できるように、私は全身全霊をかけて「100vision」をつくり上げました。だからこそ、社員たちに対して、「ここに書いてあることだけをやればいい」と自信を持って言えるのです。

いかに「できる」と信じ込ませるか

「100vision」の達成は簡単な目標ではありません。むしろ社員一人ひとりが相当にがんばらないと達成はできないでしょう。

たとえば、「人材の成長」で毎年一・一倍の成長率ということは、初年度の目標が月間三〇〇万円だったとしたら、次年度は月間三三三万円、さらに次の年度は三七〇万円となります。

はじめの数年間はなんとか達成できそうな数値ですが、これが五年先、一〇年先となると、かなりハードルが高くなります。

ただ、心強かったのは、「100vision」を全社員に向けて発表したとき、高い目標設定を不安視する声はほとんど上がらず、むしろ「よし、やってやる!」「みんなで力を合わせて、絶対に実現するぞ!」という前向きな雰囲気が社内に自然と醸成されていったことです。

「100vision」に対して、社員たちがポジティブに反応できたのは、それ以前に彼らのなかに一定の成功体験が蓄積されていたからだと思います。

私が社長になる少し前、会社全体の月間の粗利目標として一億四〇〇〇万円を目指していました。しかし、どれだけがんばっても月8000万円くらいで、目標達成どころか、一億円の壁を越えられずにいました。

過度な目標を掲げていると、現状とのギャップが大きすぎて目標の未達成が続き、かえって社員のモチベーションは下がってしまいます。けれども、一億四〇〇〇万円という粗利目標は、私が社長になってからも下げることはせず、そのまま継続しました。とは言え、それまでと同じことをしていてはいつまで経っても達成はできないため、どうすれば実現できるのかを私も社員たちも懸命に考え、戦略を練り直しました。また、自信を持ってもらうためにも、朝礼や

図表**4**

〈100vision総店舗数・新事業店舗・粗利益グラフ〉

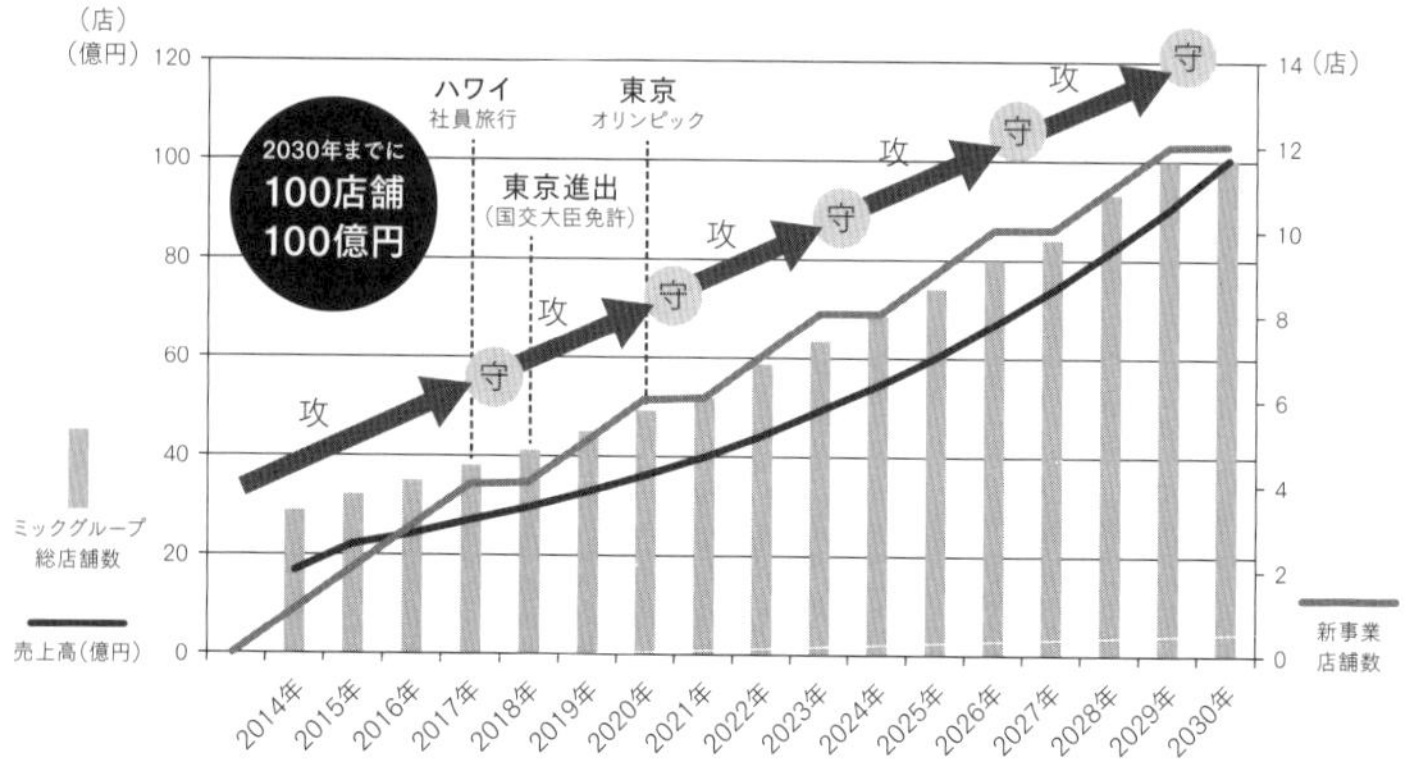

会議などでは社員たちに対して、繰り返し「必ずできる」と言い続けたのです。

結果、しばらくすると月間一億四〇〇〇万円の粗利を達成でき、その後、「次の目標は一億六〇〇〇万円だ」「次は一億八〇〇〇万円だ」と徐々にステップアップしていったのですが、確実に達成できるようになりました。

現在は、月平均でだいたい二億五〇〇〇万円くらいの粗利をコンスタントに上げられるようになってきています。社員たちがよく言うのは、「当時は一億四〇〇〇万円なんて絶対に不可能だと思っていました。けれど、いまはそんなの当たり前ですね」ということです。

私自身、これまでさまざまなことに取り組んできて感じるのは、どんな目標も、達成できるまでの期間に長短はあるかもしれませんが、諦めずに試行錯誤を続けてさえいれば、必ずいつかは実現できるということです。

「強い意志があり、行動を続ければ、絶対に結果は出る」

これは、私の一貫した信念です。

だからこそ、社長になった私は、一億四〇〇〇万円という月間の粗利目標を変えなかったし、社員たちに対して「絶対に諦めちゃダメだ」「どうすればできるか、必死になって考えて実行しろ」と言い続けたのです。そして、彼らは実際に目標を達成し、成果を出しました。

そうした成功体験がないまま、いきなり「100vision」を打ち出したら、きっと社員たちの同意や共感は得られなかったと思います。しかし、ビジョンを発表した時点で、すでに社員たちのなかには「自分たちはやればできるんだ」という自信が根づいていたので、私が提示した施策（「一億円の店舗を一〇〇店舗」「粗利一〇億円の事業を一〇本」「年間一一一パーセントの粗利増加率」）に対しても前向きに受け取ってくれたのだと思います。

日ごろ、社員たちと接していて感じるのは、「彼らは高いポテンシャルを持っている」ということです。私は、自分自身の可能性を信じるのと同じように、社員一人ひとりの可能性も信じています。むしろ社員たちの可能性は、私よりも何倍も大きいのではないか。彼らが本気を出して考え、行動すれば、私などが到底及ばないような成果を出せるんじゃないか。そう感じています。

人間の能力は無限である。目標を達成できるか、できないかは、やり続けるかどうかの違いであり、できる人は困難を前にしても決して諦めず、逃げなかった人である。こうした考え方は、社長になる以前から現在に至るまで、ブレたことは一度もありません。

大事なのは、目標を持って本気で行動すること、一度や二度の失敗で絶対に諦めないことです。そのことは、社員たちに繰り返し伝えています。

社員を勇気づけ、「自分はできる」と信じ込ませること。それも経営者の大切な役割なのです。

種まきを終えて、これから大きく育てる段階へ

二〇一四年に始動した「１００ｖｉｓｉｏｎ」は、二〇二一年で八年目となります。

店舗の拡大や事業の多角化に関しては、昨年度までが種まきで、今年度以降はしっかりと根を張り、大きく育てていく段階へと入っています。年度ごとの業績目標を見ると、ここまではほぼ目標どおりに成長できています。二〇二〇年度はコロナ禍の影響で、業績的には厳しい結果を予測していますが、グループとしてはイメージどおりの体制づくりが着実にできている手応えを感じています。

私が社長に就任したのは二〇一二年なので、二〇二一年で一〇年目になります。就任時の会社全体の売上げは約三〇億円でしたが、昨年度は七八億円もの売上げを上げ、倍以上に成長しています。以前からお付き合いいただいている銀行の担当者の方々は、その数字を見て「いまのご時世で、いったい何をすれば、こんなに業績を伸ばすことができるんですか⁉」と驚いていました。

そんな驚きの声に対して、私はいつもこう答えています。

「私の事業計画の実現を目指して、社員たちがみな一生懸命にやってくれているだけです」と。

「１００ｖｉｓｉｏｎ」ができる前は、「今年はこれだけの業績を上げたから、来年はもうちょっとがんばろう」という、ステップ・バイ・ステップの意識で仕事に取り組んでいたので、成長のカーブはゆるやかでした。

しかし、私が社長になり、「１００ｖｉｓｉｏｎ」を立ち上げてからは、二〇三〇年の大きな目標の達成に向けて全社員が一年一年を必死になって走り続けてくれているおかげで、成長のスピードが劇的に速くなりました。

加えて、「四方善し」や「善いことをする」といった会社の目的や理念を繰り返し社員たちに伝えたことで、徐々に彼らの意識や行動にも変化が見られるようになりました。まだまだ十分に浸透、定着しているとは言えませんが、それでも単にお金を稼ぐのではなく、「自分の幸せとは何か」「お客様や社会を幸せにするにはどうすればいいのか」ということを深く考えながら、自らを成長させ、日々の仕事に取り組む社員が増えてきているように感じています。

考え方や行動が最も変わったのは、役員です。一般的に、人間は四〇歳を過ぎるとそれなりの経験を積み、知識を蓄積してきた反面、思考や発想が固定化し、現状の自分という枠の中で行動しようとするため、変化や成長が止まってしまうか、極端に鈍ってしまうと言われています。会社においては、そうした人間が管理職や役員となって上に立つことで、会社全体の成長が止まり、やがて衰退していきます。

しかし当社の場合、「１００ｖｉｓｉｏｎ」を掲げ、役員たちもその目標を理解し、共有してくれているおかげで、常に現状の枠を突破し、上へ上へと自分たちを高めていこうとする姿勢を維持できています。

以前であれば、役員は「今月はどうしよう」「来月はどうしよう」と、数か月先のことしか考えられていませんでした。当時は、そんな役員たちに対して、私から「役員ならば、今月や来月ではなく、一年先、数年先を考えなきゃダメだよ」と指摘することが多々ありました。しかし一昨年ぐらいから、たとえば「来年四月から粗利目標が一・一倍になるんですよね。だったら、半年前のいまから早めに動きましょう」などと、彼ら自身で先を読み、行動を起こせるように変わってきたのです。また、私が「二〇三〇年までに〇〇〇をやりたいんだよね」と事業のアイデアを話すと、「いや、そこまで時間をかけなくても、△△年にはできますよ」と将来を見据えた自信に満ちた返答をしてくれるようにもなってきました。

「100vision」を立ち上げて以降、役員たちの成長、意識や意欲の変化には本当に目を見張るものがあります。

「企業とは、トップの想いを社員みんなの力を借りて実現する場所である」

これは私の揺るぎない企業観です。

では、ミックグループのトップである「私」の想いとは何か。

それは、これまで述べてきたように「人間づくり（社員の成長）」であり、「四方善し（お客様・会社・社員・地域社会の幸福の実現）」です。私がミックグループのトップとして社員たちを叱咤激励し、目標の達成に邁進させるのは、自分のためではなく、社員たちのため、お客様や地域社会のためです。

事業計画書の「宣言」に、私はこう書いています。

私は全社員とその家族が
豊かで明るい生活を営むために
ひたすら精進し、方向性を決定し、
理念を固め、私心を捨て、あらゆる困難に立ち向かい、
情熱溢れる経営を推進することを、
天から課せられた使命だと考え、
この道以外歩かない

図表5

業績の基盤づくり
1億円の店舗を100店舗で
粗利100億円達成
・ドミナント戦略にてビジネスの入り口を広げる
・クリエーション中心の出店展開
・3か月黒字化半年以内投資回収モデル
・マーケティング分析に基づくエリア選定
・店舗開発室主導による新店舗展開
大達成
大達成
大大達成
大達成
人材の成長
粗利増加率111％（年間）で
粗利100億達成
・各部門のプロフェッショナルの創出
・2020年100店舗を可能とする人材の確保
・緊急人事発令による人材配置
・目利き力強化による受注打率の向上
・「ステップ70」によるあるべき店長スキルの可視化
・営業スペシャリストからゼネラリストへの早期転換
・入社5年27歳店長人材の育成
多角化経営
粗利10億円の事業を
10本で粗利100億達成
・1×10活用による事業部間の
トス上げ強化
・1×10付保100％
・自己受注での10×10
・ビジネスの入り口を広げる
・攻めと守りの事業戦略
・マインドシェア80％の達成

「１００ｖｉｓｉｏｎ」では、具体的な数値目標として「二〇三〇年までに粗利一〇〇億円を達成すること」を掲げていますが、最終的なゴールはミックグループの目的や理念を実現することにあります。

つまり、社員とその家族の幸せのため、「四方善し」の実現のために、ナンバーワンになること、粗利一〇〇億円を達成することを目指しているのです。

第2章

「四方善し」を実現する「人財」育成

ミックが目指す「人財」の理想像

ミックグループの第一の目的は「人間づくり」、すなわち社員の成長です。

本章では、当社がどんな人間づくりを目指しているのか、そしてそのためにどんな取り組みを行なっているのかについて解説します。

第1章でも述べたように、私たちが目指している理想の社員像は、「我が社の目的」に掲げている「真・善・美にのっとった格調高い本物の人間」です。わかりやすく言えば、考え方（真）と行動（善）と結果（美）を磨き高める意欲を持ち、人や社会の役に立とうと常に努力する人間、でしょうか。「何のために生きるのか」「何のために働くのか」という目的意識を明確に持ち、自分の幸せはもちろん、お客様、会社、地域社会の幸せ、すなわち「四方善し」の理念の実現のために全力で仕事に取り組める人、と言うこともできます。

「何のために」の具体的な内容は、それぞれの社員が決めてくれればいいと思っています。身近な誰かの幸せのためでもいいし、未来の人類のため、世界の平和のためという壮大な目的でもいい。大事なことは、自分自身を大切にしながら、自分以外の人や社会の役に立つため、成長意欲を持ち続け、働き続けることなのです。

「何のために」という生きる目的、働く目的が明確になり、心が定まれば、そのゴールから逆算して、おのずといまの自分がやるべきこと、必要なモノやコトが見えてきます。社員たちには、自分が理想とする未来の実現のために全力で仕事に取り組んでもらいたいと思っています。

また、ミックの社員として、もうひとつ大事にしてほしいのは、「四方善し」や「善いことをする」といったミックが掲げる理念を理解し、日々の仕事で実践することです。

なぜ、理念の理解と実践を重視するのかと言えば、それがミックの社員であるアイデンティティとなり、社会人として生きる指針、働く指針となるからです。

現在、日本には約三六〇万社の企業があると言われています。もし「とにかくお金を稼ぎたい」、あるいは「お金はそこそこでいいから、プライベートの時間を充実させたい」といった願望を持っているならば、それが実現できそうな会社で働けばいいのです。当社の社員であるならば、まずはミックの理念を理解し、それを実現するために努力し続ける人間、成長し続ける人間であってほしいと思っています。ミックという会社は、社員たちが理念を実現する場所としてあるのです。

理念が行動を生み、行動が結果を生みます。全社員が理念を理解し、共有していれば、おのずと一人ひとりの判断も行動も一致します。企業が行なうすべての活動の根本は理念にあります。だからこそ、企業において理念が重要なのです。もし「四方善し」や「善いことをする」というミックの理念に共感できないのであれば、会社を辞めてもらってもいいとさえ考えています。

逆に言えば、ミックの理念さえしっかりと理解できていれば、何をやってもらっても構いません。当社が「総合生活産業」という業種としてかなり広いフレームワークを掲げているのも、そのためです。お客様の生活を豊かにする事業であれば、保険でも飲食でも保育でもデイサービスでも何でもいい。まだまだ余白はたっぷりあるので、そこは社員たちがそれぞれに考え自由にやってもらいたいと思っています。


ミックの目的や理念が、自分自身の生き方や考え方にも浸透・定着し、実践できている人を、私は「ミック人」と呼んでいます。

ミック人かどうかは、年齢も、社歴も、業績も関係ありません。国籍も肌の色も関係ない。

また、ミックグループで働いている人が、みんなミック人であるとは限りません。当社の社員であっても、ミック人ではない人もいます。

ミック人か、ミック人ではないかを判断する基準はただひとつ。理念への理解です。ミックの理念に共感し、同じ方向を向いて努力し続けている人は、全員がミック人だと私は考えています。

私が「ミック人」という言葉を使うようになったのはここ数年のことで、毎週木曜日の全体朝礼をはじめ、研修会や勉強会などの場で積極的に使っています。

私は、すべてのミック人は家族だと思っています。家族だからこそ、何があっても守りたいし、困っていることがあれば助けたいと思うのです。また、もし将来、ミック人のお子さんが当社に入りたいと望んだら、私は無条件で受け入れてあげたいと考えています。なぜなら、そのお子さんは生まれてから成人するまでの歳月をミック人の親のもとで育てられ、人間形成の土台にミックの理念が浸透しているはずだからです。そんなお子さんはきっと、私や上司がいちいち「四方善しってわかっているか？」「人や社会の役に立つ人間になりなさい」と教えなくても、「すべて親から教えてもらいました」「当たり前のことを言わないでください」と自信満々に答えてくれるでしょう。

繰り返しになりますが、大切なことは理念の理解です。ミックの理念が浸透・定着し、日々の仕事を通じて実践できる人が、当社が求める理想的な社員像になります。

理念の浸透・定着の難しさ

現在のミックグループを見渡したとき、当社の理念をしっかりと理解し、実践できている社員、すなわち「ミック人」と呼べる社員は、全体のだいたい八割ぐらいまで広がってきていきます。それは、本章で述べるさまざまな社内研修や各部署のマネージャーや上長の指導の成果だと思います。

目指しているのは当然、在籍している全社員・全パートスタッフがミック人になることです。人財こそが、企業活動を展開していくうえでの土台になるからです。

特に今後、当社では間違いなく、人財の教育、すなわち社員への理念の浸透・定着が大きな課題となります。当社は現在、「１００ｖｉｓｉｏｎ」に基づいて店舗数や事業を急速に拡大させている最中にあり、これからさらに多くの社員を迎えることになるからです。しかも、これまでは基本的に新卒採用をメインとしてきましたが、成長のスピードを上げていくためにも中途採用も積極的に行なっていく予定でいます。

新卒の場合、社会人経験のないまっさらな人をミックのカラーに染めていくので、もちろん苦労はありますが、時間をかければたいていの人がミックの理念を理解し、ミック人になってくれます。中途の場合、すでにさまざまな経験を積み、即戦力になってくれたり、新しい専門知識をミックに導入してくれるメリットがある反面、他社のカラーに染まった状態で転職してくるため、ミックの目的や理念への理解・共感が進まなかったり、色が混ざってしまって純粋なミック人になれない可能性も少なからずあります。

今後、増えていくだろう新入社員や中途社員をいかに教育し、理念を浸透・定着させていくか。それは「100vision」の達成の成否にも関わる重大な課題です。

理念の浸透・定着は一筋縄ではいきません。個人的には、社員への理念の浸透・定着こそが企業経営の永遠のテーマではないかとさえ感じています。

なぜ、社員に理念を理解させることが難しいのか。大きな理由として、「同じ言葉を見聞きしても、解釈は人によって異なること」が挙げられます。

たとえば、私がまだマネージャーだったときに、部下（ここでは仮にAとします）とこんなやりとりがありました。

Aは入社後、投資企画室に配属され、主に不動産投資をメインに仕事をしてきました。その後、異動となり、私のもとで住宅の販売営業に携わることになったのです。

投資企画室時代、Aはお客様に対して、金利や利回りの数字を提示しながら、どの不動産にどんな投資をするのが得なのか、という提案をしていました。それは不動産投資を業務とする社員として当然のことなのですが、彼は住宅の販売営業になってからも同じ感覚で仕事をしていました。つまり、その家を買うのが損か得かという視点のみで、「この物件は広さのわりに価格が安いから」「この物件は駅に近くて便利だから」と、お客様に提案をしていたのです。しかし、お客様は「得だから」家を買うわけではありません。「そこに住みたいと思うから」家を買うのです。結果としてAはなかなか業績が上がらず、伸び悩んでいました。

ある日、Aから「なんで僕は、こんなにがんばっているのに、業績が上がらないんですかね」と相談を受けました。それに対して私はこう答えました。

「お前、お客様のためを思って仕事をしている？」

私から見れば、Aはまったくお客様のことを考えられていなかったし、それゆえに結果が出ていないことは明らかでした。しかし、Aは「そんなことはない」「自分はお客様のためを思って、いろいろ提案をしている」と反論してきたのです。

私たちの会話が嚙み合わなかったのは、私とAとでは「お客様のため」という言葉の解釈が異なっていたからです。Aはずっと投資企画室にいたので、お客様の得になるような提案をすることが「お客様のため」だと考えていました。しかし、先述したように損得だけでは家は売れません。私にとっての「お客様のため」は、お客様の理想の暮らしを実現して差し上げること、お客様の想いや願いを汲んで幸せな暮らしをご提案することです。そうした提案ができてはじめて、お客様は「この家に住んでみたい」と思い、住宅の購入という大きな決断してくれます。

そのときのAには、残念ながら「お客様のため」という言葉の真の意味が理解できていなかったのです。ただ、幸いなことにAにはその後、考え方を変える転機がありました。

それは、彼が一人暮らしの女性のお客様を担当したときのことです。ある日、店舗でデスクワークをしていたら、Aがはじめて「あの人、いまどうしているかな……。すごく悩んでいるんじゃないかな」と、お客様の気持ちに寄り添うようなことをつぶやいたのです。私はその変化の兆しを見逃さず、すぐにAにこう伝えました。

「だったら、いますぐ電話して、『何かお困りではありませんか』『お悩みはありませんか』と聞いてみたらいいじゃないか。相手の気持ちに寄り添って、気にしてあげることが大事なんだよ」

私の話を聞いたAはすぐにお客様に電話をして、いろいろ相談に乗っていました。そしてその後、Aがご提案した家を買っていただけたのです。

そうした経験を経て、Aがしみじみと「これが住宅の営業なんですね」「お客様のことを考えるって、こういうことなんですね」と語ってくれたことは、いまでもよく覚えています。

「お客様のため」は、まず何よりも「お客様が何を求めているか（何に困っているか）」を聞き出すことから出発するべきなのです。金銭的な損得や便利さ、こちらが何をしてあげたいか、などは二の次でいい。その順番を間違えると、ただの自己満足に陥ってしまい、本当の意味での「お客様のため」にはなりません。Aとのやりとりは、いつもそんな大事なことを思い出させてくれます。

人はみな、生まれも育ちも違うし、立場や趣味嗜好も異なります。それぞれが自分なりの考え方や感覚、人生観や仕事観を持って生きているのです。ある言葉を聞いたときも、話し手の意図とは別に、必ず聞き手の解釈というフィルターを通して理解されます。同じことを話したとしても、万人に同じように伝わるとは限らず、むしろ百人百様の理解のされ方をするのです。自分の意図や想いを相手に正しく伝えたければ、お釈迦様も「人を見て法を説け」と言っているように、まず何よりも相手の性格や気質を見て、それに合わせた言葉遣い、表現や説明の仕方をすることが不可欠です。

企業の規模が小さければ、トップの人間が一人ひとりの社員とマンツーマンで直にコミュニケーションを取り、相手のことを深く知り、その性格や考え方に合わせながら、自分の考えを正確に伝えていくこともできなくはないでしょう。しかし、当社のように四〇〇人規模の会社になれば、社長である私が全社員のことをすべて掌握し、一人ひとりに対して「人を見て法を説く」ことは現実的に困難です。

だからこそ、組織が大きくなれば、トップと一般社員の間に、執行役員や管理職、マネージャーなどを配置し、彼らに社員の育成を委ねることになります。もちろん当社もそうした体制を採っているのですが、私としては「まだまだ中間部の関節が弱い」と感じています。役員やマネージャーに研修を任せ、あとから研修を受けた社員に接すると、自分が思い描いたとおりには伝わっていないなと感じてしまうことが多々あるからです。

また、新人研修など一部の研修はできるだけ私自身が行なっているのですが、一対多数の研修ではどうしても受ける側の理解の差が生じてしまいます。私が書いた文章を読ませることもしていますが、読み手の解釈の差の問題は依然として残ります。

正直に言えば、社員への理念の浸透・定着の課題はいまも試行錯誤の真っ最中であり、どのような方法が最もいいのか、答えはまだ見つかっていません。

次項以降では現状取り組んでいることと、今後取り組んでいきたいと考えていることをご紹介していきます。

理念伝達のため、まずは自分が率先して

社員への理念の浸透・定着のため、私が全社員と一対一で面談をしたり、すべての研修を担当することは不可能ですが、特に重要度が高いところに関しては、できるだけ私自身が自分の言葉で直接ミックの目的や理念を伝えることを心がけています。

最も重要視しているのは、新入社員が一年を通じて受ける「新人研修」です。

ここ数年は、はじめの数か月を私が担当し、残りの期間は役員やブロックマネージャーに任せているのですが、それ以前は一年を通じて私が新人研修を行なっていました。

新入社員は、言うなれば真っ白なキャンバスです。これから社会人として何を学び、どんな経験を積むかによって、どんな色にも染まっていきます。だからこそ、最初の研修は、社長である私自身が担当し、私の言葉で一からミックという会社の目的や理念を伝えているのです。

新人研修は、毎朝八時から九時までの一時間、本社のミーティングルームで行ないます。相手はミックという会社のことを何も知らない新入社員なので、話す内容は当社の目的や理念から始まり、クレドや二四項目のミックスタンダードのこと、総合生活産業を志す理由、「親子三代のお付き合い」や紹介を重視する営業スタイルなど、ミックに関するひと通りのことを教えます。また、こちらから一方的に話をするだけではなく、私の考えや想いを伝え、それに対する彼らの考えを聞いたりもしています。

入社一年目の新入社員向けとしてはほかに、年に一回、二泊三日の研修合宿を行なっており、その合宿にも私は毎年参加しています。場所はたいてい三浦海岸にある会議室完備のオーシャンビューのホテルで、一日目は私が理念の話をして、二日目は各事業部の責任者に、一時間ずつそれぞれの事業の説明をしてもらいます。そして最終日は、二日間の研修のまとめや振り返りをした後、全員でバーベキューを楽しみます。

また、一日目と二日目の夜は、私の部屋を開放し、新人たちと大いに飲んで、語り合いながら親睦を深めています。この夜の時間も、実は研修合宿の大切なひとときなのです。

私の部屋に遊びに来る社員には、毎回「みんなで一〇〇個の質問を考えてきて」とあらかじめ伝えておきます。研修がオンの時間ならば、夜の飲み会はオフの時間。「どんな質問が来ても答えるから」と質問内容は何でもOKとしているため、仕事に関する真面目な話から、プライベートに関わるきわどい話まで、無礼講でさまざまな質問が飛び交います。

そんな時間を過ごすことで、新人たちには自分たちが働く会社の社長がどんな人間で、どんなことを考えているのかを親近感を持って知ってもらえるし、社長と新人という垣根を取り払って互いに心を近づけることもできます。

新人関連の研修以外で、私が行なっているのは、全社員を対象にした「社長研修」があります。

毎年、上期と下期のそれぞれ一回ずつ、全社員に必ず受けてもらっている研修で、二時間半みっちりと私の講義を聞いてもらいます。場所は本社のミーティングルームで、一回あたりだいたい三〇人ほどの社員を集めます。

話す内容は上期と下期では異なり、上期はミックの理念、下期は夢や目標を実現するための方法の説明です。ただ、理念や目標実現の方法が年ごとに変わるわけではないので、基本的には毎年同じ話を繰り返し伝えています。

同じ話を毎年するのは、社員一人ひとりに自分の現状を定点観測してほしいからです。たとえば、前の年には腑に落ちなかった話が理解できるようになっていたら、それはその社員が一年間でさまざまな経験を積み、成長した証拠です。「以前はこういう意味だと思ったけれど、あらためて聞くと別の意味に思えてくるな」という新たな気づき、発見もあるかもしれません。毎年同じ話を聞いているからこそ、相対的に自分の変化や成長が明確になるのです。

私自身、気に入っている社外のセミナーには毎年参加して、同じ話を繰り返し聞いているのですが、それも同じ理由からです。同じ話を聞き続けることで、自分の現在地を確認し、成長や考え方の変化を実感できるのです。

社員研修、特に新人研修を社長自ら行なっていることを社外の人に話すと、たいてい驚かれます。

たしかに、研修は役員や人事部に任せ、社長は経営面での意思決定など社長の仕事に専念したほうがいいという考え方もあるでしょう。実際、当社でも新人研修などを役員に担ってもらえるような体制づくりを段階的に進めています。

とは言え、私としては「大事なことは自分の言葉で直に伝えたい」という想いも強くあります。特に新入社員は、社会人として真っ白な状態なので、最初にしっかりとミック色に染めておけば、その後にどんな考え方に触れようが、ブレることなくミック人として育ってくれるはずです。しかし、最初にズレが生じてしまうと、あとから軌道修正するのは難しくなります。「三つ子の魂百まで」ということわざのとおり、人の教育は最初が肝心。だからこそ、今後もどれだけ忙しくなろうとも、新人研修には関わり続けるつもりです。

また、毎年毎年、研修を通じて新入社員と接することで、私自身も気づくこと、学ぶことが多々あります。それは私自身の成長にもつながっています。つまり、私自身のため、自分の勉強のために、新人研修を行なっている側面もあるのです。

「千尋の谷教育」からの脱却

新人研修の今後の課題は、現在、私に代わって研修を部分的に担ってくれている役員やブロックマネージャーの話す内容の精度を上げていくことです。

前項で述べたように、以前は一年間を通して私が担当していたのですが、数年前から私と役員・ブロックマネージャーとで分担して行なう体制に移行しつつあります。現時点では、役員やブロックマネージャーに話をしてもらうときには私も同席し、研修終了後に「あの話はこう表現したほうが正しく伝わると思う」といったアドバイスやフィードバックをしています。将来的には最初の一、二か月だけ私自身が話をして、残りの期間は彼らに完全に任せられる体制にしたいと考えています。イメージとしては、彼らが私の分身となり、私が新入社員に伝えたいこと、知っておいてほしいことを正確に話せるレベルにまでもっていくつもりです。

また、一年目の新人研修だけではなく、入社三年以内の社員の教育体制も充実させていきたいと思っています。

後述するように、近年、当社では中堅からチーフやサブマネージャー、チーフやサブマネージャーからマネージャーになるための研修を強化してきました。しかし、入社三年以内の新人から中堅への教育については体系的に行なえていませんでした。

その背景には、新人教育に関する当社の風土が大きく影響しています。

これまで当社では新入社員が入ってくると、とりあえず現場に放り込み、雑用をさせて、やる気とガッツで這い上がってきた人間を手厚く育てる傾向がありました。獅子が生まれたばかりの子を千尋の谷に突き落とし、自ら這い上がってきた生命力の強い子どものみを育てるという「獅子の子落とし」のような新人教育だったのです。また、先輩社員が新人に教えることと言えば、「気合」「根性」「経験」の通称「3K」ばかりで、「とにかく気合でがんばれ」「俺のテクニックを盗め」「根性で契約を取ってこい」という非合理的な指導を平気で行なっていました。

ひと昔前であれば、そうしたふるいにかけるような育て方でもよかったのかもしれません。

しかしいまの時代、そんな接し方をすれば、たいていの新人は辞めてしまうし、残ったとしてもちゃんと育ちません。それに今後、店舗数や事業を拡大し、社員数を増やしていかなければならないため、これまでの「残れる者だけ残ればいい」という人を選ぶ育成法ではなく、どんなタイプの新人でもきちっとミック人となるように育てていくことが不可欠なのです。

これからのミックの人財育成の課題は、入社三年以内の社員をいかに辞めさせず、中堅社員に育て、チーフやサブマネージャー、マネージャーへとステップアップさせていくか。つまり、新入社員からマネージャーまでの段階的な育成プログラムを確立することです。言うなれば、それは「千尋の谷教育」からの脱却です。

この数年、一年目の新人研修を役員やブロックマネージャーに任せていることで、彼らの新入社員に対する考え方や態度にも徐々に変化が表れてきています。それまでの「上がってきた者だけを育てる」というスタンスではなく、「いかに多くの新人を引き上げるか」「そのためには自分は何をするべきか」という気概が出てくるようになりました。

こうしたよい流れをさらに加速・発展させて、今後数年で新人教育体制を確立していきたいと考えています。

理念は、すぐに理解できなくていい

「新人研修」でも、全社員を対象とした「社長研修」でも、私が社員たちに繰り返し伝えているのは、ミックの理念についての話です。

ただ、ここまで書いてきた内容と矛盾しているように聞こえるかもしれませんが、私は研修だけで社員が理念を完璧に理解できるとは思っていません。

一般に、人が成長するには三つの方法があると言われています。ひとつ目が「本を読むこと」。二つ目が「人の話を聞くこと」。そして三つ目が「実際にやってみること」です。本を読んだり、人から話を聞くことでも多くの学びや気づきがあり、成長につながります。しかし、より大きく成長するには、やはり実践し、経験を積むことが欠かせません。本で読んだこと、人から聞いたことを実践してみて、その結果を検証し、次に実践するときの糧とする。そうした試行錯誤を繰り返すことで、人は変化し、成長していくのです。

理念の浸透・定着にも、実践や経験の蓄積が欠かせません。

実際、新人研修で「四方善し」や「善いことをする」という理念の話をしても、新入社員のほとんどはぽかんとした表情で聞いているだけです。きっと理解にはほど遠く、「社長はいったい何を言っているんだろう……」と頭の中でクエスチョンマークが無数に浮かんでいるのではないでしょうか。

でも、それでいいのです。第1章でも述べましたが、私自身も子どものころから父親に「善いことをする」「人や社会のためになることをする」という考え方（つまり、いまのミックの理念のもととなっている考え方）をずっと聞かされて育ちましたが、それらの言葉の本当の意味を理解し、実践できるようになったのは、三〇歳を過ぎてからです。三〇歳のときに病気で入院し、失意と絶望のどん底を味わうなかで、はじめて「誰かのために働くこと」の意義や大切さに気づけたのです。

ですから、新人研修でも私は、「私の言っていることを、いまここで理解できなくてもいい」と新入社員たちに伝えています。すぐに理解はできなくても、そういう考え方があるということを「知っておくこと」が大切なのです。

理解するとは、咀嚼して腹に落とすことです。食べたものが栄養になり、体をつくるもとになるには、よく噛んで、胃で消化し、腸で吸収する必要があります。言葉や考え方も同じです。

読んだり、聞いたりしただけではその人の血肉とはなりません。噛み砕き、消化しなければなりません。言葉や考え方を噛み砕き、消化するとは、何度も繰り返して考えることです。ときには考えたことを実践して、その結果をもとにさらに深く考えてみる。そうやって人から聞いた言葉や考え方が自分のものとなっていきます。当然、そのためには時間もかかるし、経験も必要です。

私にとっての病気や入院のように、ある出来事がきっかけとなり、それまでは理解できなかった理念が腑に落ちることもあります。

二〇一九年に、マネージャーに昇格したBという社員がいます。Bは今年で入社八年目なのですが、入社以来六年間、ずっと目標の未達が続いていました。

仕事に手を抜いていたわけではありません。むしろお客様に喜んでもらおうと常に全力を尽くし、提案を繰り返していました。しかし、なかなか成約まで持っていくことができなかったのです。

彼が壁を乗り越えるためのサポートができないかと、私自身、折にふれてBと話をしていました。彼がよく言っていたのは、自分自身の目標の未達は棚に上げて、「お客様が喜んでくれたら、それでいいんじゃないですか」ということです。それに対して、私は「じゃあ、お前はどうやって給料をもらうんだ」「お客様が喜んでくれたとしても、結局、買ってもらえなければ、お前自身が喜べないだろ？」といった話を繰り返ししていました。彼の仕事の仕方は「四方善し」になっていなかったので、そこを理解してほしかったのです。しかし、私の言葉はなかなか彼の心の深いところにまでは届きませんでした。

ところが、一昨年くらいから急に業績を伸ばすようになり、マネージャーに昇格して活躍するようになったのです。

あるとき、Bに「最近すごく変わったけど、何かきっかけがあったの？」と聞きました。すると、あるお客様を担当し、家を購入してもらったうえに、「君のおかげで、理想どおりの家を見つけられた。本当にありがとう」と感謝の言葉をいただけたことがすごくうれしかった、と教えてくれました。彼は、お客様からお褒めの言葉をいただいたとき、はじめて「社長がずっと言っていたのは、このことか！」と気づくことができ、それ以来、心から仕事を楽しめるようになったそうです。

Bは、ずっと「わけがわからなかった」という「四方善し」の考え方を、一人のお客様からかけられた言葉をきっかけとして、やっと理解しました。入社してからそれまでに六年間もの歳月がかかったわけです。Bとはいまでも会って話をするたびに、「六年間、成果の出ない自分を見捨てず、見守ってくれていた上司や社長にホント感謝しています」と笑顔で言ってくれます。

理念について研修で繰り返し話を聞いても、本当の意味で理解するのは難しいと思います。また、人によって理解に至る期間もスピードも違うし、きっかけも千差万別です。私は自分自身の病気や入院によって、Bはお客様からのひと言によって、はじめて「四方善し」や「善いことをする」といった理念の言葉が腑に落ちて、自分のものとなりました。

だからこそ、私は研修などで「いま、理解できなくてもいい」と社員たち、特に新入社員には伝えているのです。大事なのは、まずは「知っておくこと」。そして、常にその理念について「考え続けること」。そのために私は、たとえすぐに理解できないとわかっていても、新人研修や社長研修などで理念について語り続けているのです。

私があえて赤字店舗に入る理由

「やってみせ、言って聞かせて、させてみせ、ほめてやらねば、人は動かじ」

これは連合艦隊を率いた山本五十六の有名な言葉で、私自身、大好きな名言のひとつです。

社員たちをミックの理念を体現できる人財に育てるには、やはり上の人間が「やってみせる」ことで模範を示し、「言って聞かせて、ほめてやる」ことで社員たちを勇気づけ、後押しすることが不可欠です。

山本五十六の言葉の実践として、私が以前よくやっていたのが、赤字店舗の営業支援に入ることでした。

低迷している店舗の立て直しといっても、何か特別なこと、高度なことをやっていたわけではありません。

私が真っ先に取り組むのは、社員たちに「自分はできる」と信じ込ませることです。たとえば、支援に入った初日には店舗の全社員を食事に連れていき、飲み食いしながら、

「絶対、目標を達成しよう！」

「それはお客様や会社のためでもあり、自分自身のためでもあるのだから」

「もし達成できたら、またみんなで美味しいものを食べにいこう！」

といった話を熱く語り合い、目標達成に向けて全員のモチベーションを高めて、「みんなで力を合わせてやるぞ！」という一体感をつくり上げていきます。言わば、決起集会です。


全員の気持ちを高めたら、あとは日々の行動あるのみです。当社では毎日、「全店日報」ですべての支店・事業のその日の売上げ報告が上がってきます。全店日報に記された赤字店舗の社員たちの営業成績にマーカーでラインを引いて現状を共有したうえで、一人ひとりに対して「月間目標の達成には今週はあと〇〇万円の売上げを上げてほしい」「そのためには、こういうやり方もあるんじゃないかな」と直近の目標やアドバイスをしたためた手紙を送ります。朝礼でも、同じ内容を店長から各社員に伝えてもらいます。常に目標を意識した行動を徹底していくのです。

また、私自身が店舗に行ける日には、朝イチから入って、店舗内の掃除から一緒に行ないます。掃除では、私はあえて床磨きやトイレ掃除など、ほかの人が嫌がること、面倒くさがることを率先してやるようにしています。社長が這いつくばって床を磨いている姿を見れば、さすがにほかの社員たちは「そんなことは自分がやりますから」と代わってくれようとします。

そのときに「でも、あそこの角とか、いつも汚れているよね」と指摘をしつつ、「もっと頭を低く下げないと、大事なことが見えてこないんじゃないのかな？」「仕事に慣れてきて、驕りや慢心があるんじゃないの？」「仲間やお客様への感謝の気持ちを忘れていない？」

といった意識や行動を改善するためのアドバイスをします。

そうやって目標への意識の徹底と、日々の行動や仕事に対する姿勢を改善していけば、小さな自信の積み重ねで徐々に営業成績として成果が表れてきます。結果を出した社員に対しては、必ず「すごいね、君は」「もっとがんばれば、さらに伸びるはずだよ」と大げさなくらいに褒めて、評価してあげることも重要です。すると、その社員は自分に自信を持てるようになり、意識や行動がさらに変わり、それに伴って売上げも伸びていきます。

前章でも述べたように、社員一人ひとりは高いポテンシャルを持っていると、私は心から信じています。成果が出ないのは、目標への意識が曖昧になっていたり、気持ちが緩んでいたり、チームとしての一体感が失われていたりしているからです。そんな彼らに対して、私がやっていることは「君たちならできる」と勇気づけているだけです。目標達成のためのアドバイスをしたり、前へ進むときは叱咤激励し、結果が出たらしっかりと褒めてあげるのも、彼らのなかに「できる」という自信を植えつけるためなのです。

社員たちの心に自信が芽生え、改善のサイクルを回すスピードをどんどん速めていけば、やがて社員たちは勝手に動いてくれるようになり、業績もすぐに右肩上がりとなります。実際、私が支援に入るのは前月の売上げが最も低いワースト店舗ばかりでしたが、たいてい一か月で、目標の一二〇パーセントから一五〇パーセントまでV字回復させることができています。

私が赤字店舗に入る目的は、第一に右に述べた現場の活性化がありますが、もうひとつ「役員の意識改革」という狙いもありました。

役員たちは、まだ現場に出ていたころは、ほかの社員を盛り上げながら店舗一丸となって仕事に取り組んでいました。けれども、役員となって現場から離れてしまうと、上がってくる数字だけを見て、上意下達的に「あれをやれ」「これをやれ」と指示を出すだけになってしまいがちです。各店舗が目標に対して十分な売上げを上げられていないときも、「マネージャーや社員に指導はしている」と自分のことは棚に上げて、現場に責任を転嫁するような発言をたびたびします。私の指示で、立て直しのために店舗に入ったとしても、どこか自分ごとではないというか、彼ら自身がマネージャーだったころに比べると熱量も本気度もまったく足りず、成果も出せません。

私があえていちばん成績の悪い店舗の支援に入るのは、そんな役員たちに喝を入れるためでもあったのです。社長の私が「絶対にV字回復させるから」と宣言して売上げワーストの店舗の支援に入り、実際に結果を出せば、役員たちも言い訳ができなくなります。「自分はしっかり指導している」、つまり「自分はやるべきことをやっているけれど、それでも成果が出ないのは現場のせい」という責任逃れの発言はできず、彼らの尻にも火がつき、本気になって赤字店舗の立て直しに取り組むようになるのです。

何か事に当たるとき、私は常に「先ず隗《かい》より始めよ」をモットーとしています。トップがいちばん悪いところ、あるいは難しいこと、面倒なことを率先して「やってみせる」ことで、社員たちは「自分たちはまだまだだった」と気づき、「もっとがんばらなければ」「本気でやらなければ」と彼らの意識と行動を変えることができるのです。

店舗数拡大に欠かせなかったマネージャー育成

五年ほど前から、当社ではサブマネージャーがマネージャーに昇格するための「サブマネージャー研修」や、中堅からチーフやサブマネージャーになるための「中堅社員研修」の体制づくりに力を入れてきました。

サブマネージャー研修では、将来、マネージャーとして店舗運営にあたるためのマネージメントやチームビルディング、戦略立案の方法などを学びます。一方、中堅社員研修では、後輩を指導するためのコミュニケーションスキルや、チーフやサブマネージャーにステップアップするために必須の業績管理表などの読み方を習得します。これらの研修は、私ではなく、役員に担当してもらっています。

新人向けの研修ではなく、中堅社員やサブマネージャーを対象とした研修の体制づくりを先行して進めた背景には、「１００ｖｉｓｉｏｎ」による店舗数の拡大によって発生した「マネージャー不足」という差し迫った課題を解決するためでした。

「100vision」以前の当社では、マネージャーになるためには年間目標を数年連続で達成するなど、誰の目にも明らかな実績が求められました。実績を上げた者だけがマネージャー候補として認められ、その後に新規店舗の出店があると、その候補者の中からマネージャーが選ばれていたのです。

しかし、「100vision」の始動以降は、人が育っていくスピード以上に、出店のスピードが速く、マネージャーの数が足りなくなり、マネージャー不在の店舗が二、三あるという異常な状態になっていました。そこで目標達成していなくても、チーフやサブマネージャーとして一定期間の経験を積んだ社員を「あとは立場が人を育ててくれるだろう」という楽観的な予測のもと、マネージャーに昇格させていたのです。

けれども、やはり目標を達成した経験のないマネージャーには、店舗運営はできませんでした。自分自身が目標達成できていなければ、達成するための考え方や行動をほかの社員に対して教えることもできず、店舗全体としての目標達成も叶いません。

とは言え、マネージャー不足を理由に「100vision」を止めることはできません。そこで、目標達成するための仕組みや考え方（店舗運営やチームビルディング・戦略立案の方法など）を研修で学んでもらい、マネージャーとして最低限身につけておいてほしいことは身につけさせた状態で店舗を任せるという体制にしたのです。

研修の甲斐あって、現在では新しくマネージャーになった社員はしっかりと店舗運営を行ない、目標を達成できるようになっています。

仲間意識を育む、フェイス・トゥ・フェイスのコミュニケーション

ここまで述べてきた研修のほかに、定例の会議や朝礼も人財育成の場として大事にしています。

主なものとしては、毎朝行なっている「マネージャー会議」と「支店・事業部ごとの朝礼」、毎週木曜日に行なっている「全体朝礼」、毎月行なっている「方針会」(「はじめに」参照)があります。

マネージャー会議は、営業日の毎朝七時三〇分、全支店のマネージャーや全事業部の幹部が港南台本部に集まり、前日の営業成績やお客様とのやりとりなどを報告し合い、当日の課題や目標を全員で確認し合います。そこで話し合われた内容は、同じく毎朝九時三〇分から各支

店・事業部ごとに行なわれる朝礼で、自分の職場に戻ったマネージャーから全スタッフに伝達されます。

毎週木曜日の全体朝礼は、全社員が朝九時に港南台本部に集まり、朝礼を行ないます。なぜ木曜かといえば、当社の定休日が火・水曜日で、木曜が「週のはじまり」となるからです。普段はフロアに並んでいるイスやテーブルをすべて部屋の隅にどけて、互いに肩がぶつかり合うような距離感で数百人が一堂に会する風景はいつ見ても圧巻です。

時間は一時間から一時間三〇分程度で、前の週にいただいたお客様とのご契約、仕事で大きな成果を上げた社員の発表や、経営理念の再確認、週末の土・日曜のイベントや現地見学会の情報の共有などを行ないます。

当社はこれまでずっと、互いに顔を見合わせること、フェイス・トゥ・フェイスのコミュニケーションを重視してきました。それは、ミックの社員であることを常に意識してもらうためであり、会社としての一体感、仲間意識を育むためです。

マネージャーたちに毎日会っていれば、私の考えや指示を細かく伝えられるし、相手の言動や佇《たたず》まいを見てズレを感じたら、すぐに修正できます。毎週木曜日の全体朝礼では、私自身の言葉で繰り返しミックの理念について全社員に伝えることができます。

また、社員にとっては、全社員の前で自分の仕事の成果が発表され、拍手喝采をもらえれば、大きな自信になるでしょうし、「もっとがんばろう」というモチベーションの向上にもつながります。その様子を見ているほかの社員は、同年代であれば「あいつに負けないようにがんばろう」とライバル心が湧いてくるでしょうし、後輩であれば「自分もいつかあの人みたいになりたい」と憧れの気持ちと向上心が芽生えるはずです。

会議などでよくやりがちなのは、できなかったことを取り上げて、「なぜ、できなかったのか」「どうすれば、できるようになるのか」と反省を促したり、当事者を詰問することです。もちろんできなかった結果を反省し、次につながる検討をすることは大切ですが、それだけで終わってしまったら、社員のヤル気は起きません。

みなが集まる場で大事なのは、できなかったことではなく、できたことにフォーカスすることです。成し遂げた成果をみなの前で大々的に評価してあげることで、本人もまわりも「もっとがんばろう」という前向きな気持ちになります。言うなれば、元気づけです。

さらに、まわりを見渡し、想いや志を同じくする仲間が大勢いると確認できることも、みなで集まることの利点だと考えています。

仕事は、決して一人ではできません。同じ店舗の社員同士、店舗や事業部の枠を越えた社員同士がアイデアを出し合い、力を合わせることで、お客様に心からご満足いただけるサービスを提供でき、大きな感謝高（売上げ）を上げることができるのです。また、何か困りごとや悩みごとがあったり、困難な壁にぶつかったりしたとき、力を貸してくれ、助けてくれるのも、やはり仲間たちです。

全体朝礼で全社員が一堂に会し、「自分には、こんなに大勢の仲間がいるんだ」と肌で実感できれば、どれほど心強いことか。きっとその場にいるだけでも、元気がもらえ、力が湧いてくるはずです。

たしかに全社員が毎週集まることは、一人ひとりに移動の負荷がかかるし、通常業務は一時ストップしてしまいます。

ここ数年は、不動産関連以外の事業も行なっているため、どうしても木曜の朝に集まれない社員も一定数はいます。その場合、朝礼の様子を動画で撮影し、あとで不参加だった社員に送るなどして、最低限のフォローはしています。

「はじめに」で述べたように、社内から「全社員で集まって研修するよりも、個々に営業をしたほうが会社の業績向上につながるのではないか」という声が上がり、毎月行なっていた方針会を中断した時期もありました。「100vision」の進展に伴い、今後さらに店舗数や事業が拡大し、社員数が増えていけば、本部に全社員が集まって朝礼を行なうことは難しくなるでしょう。

効率やコストのことを考えれば、社内から「会議や研修はオンラインで」という提案も出てくるかもしれません。しかし私としては、対面での、互いの顔と顔をつき合わせてのコミュニケーションを可能なかぎり続けていきたいと考えています。

どれだけテクノロジーが進化して、手元のスマホで世界中の情報が検索できるようになったとしても、お客様がいまどんなことを思っているのか、家族やともに働く仲間が何を考えているのか、という人の気持ちにはアクセスできません。それを知るには、相手と顔を合わせ、言葉を交わしたり、相手が発する雰囲気を感じ取らなければなりません。テクノロジーの時代だからこそ、AIやロボットにはない人間らしさ、人間の心や感性が求められるのです。

コロナ禍の影響で、世の中にオンラインミーティングという選択肢が急速に広がりました。しかし、私自身は、どうしてもオンライン会議が好きになれないのです。たしかに互いの顔を見てのコミュニケーションはできます。しかし、相手の息遣いもわからないし、モニターに映っている画面の外側がどうなっているかもわかりません。画面では髪を整え、スーツを着て、真剣な表情で話していたとしても、下はパジャマのままかもしれないし、画面に映っていないところにはマンガやゲーム機が散らかっているかもしれません。そんな服装、そんな空間で、真剣な話し合いが成立するとは思えません。

フェイス・トゥ・フェイスのコミュニケーションのために複数の人間が同じ場所に集まるには、お金もかかるし、時間もかかります。全体朝礼のように数百人規模となれば、なおさらです。傍《はた》から見れば、「時間の無駄」「もっと効率的にやればいいのに」と言われるかもしれません。しかし、「無駄だ」「非効率だ」と言ってやらない人が多いからこそ、そこに他社が持ちえない付加価値が生まれる面もあるのではないでしょうか。

実際に会って会話を交わし、互いの息遣いや醸し出す雰囲気を感じ合う。そうやって同じ空間を共有することではじめて、一体感や仲間がいることの安心や心強さを感じることができます。

オンライン会議のアプリケーションを使えば、効率的に情報交換はできるかもしれません。しかし、オンライン上のルームから退出してしまえば、画面に見えていた仲間の姿は消えて、一人ぼっちになってしまいます。

リアルな場での会議ならば、会議が終わった後も隣の人と話をしたり、久しぶりに会った別の店舗の社員と「最近、どう？」と立ち話ができます。そんな雑談から生まれるアイデアもあるかもしれないし、相手が何か課題や不安を抱えていればアドバイスや気遣いの言葉をかけることもできます。

今後、店舗数や事業が拡大し、社員がさらに増えれば、全員で会うことのハードルはもっと高くなります。とは言え、効率だけを重視して、会議はすべてオンラインで、とはしたくない。拡大する会社にあって「同じ場所に集まること」「お互いの存在を感じ合うこと」をどう維持していくかは、これからの当社の大きな課題だと言えます。

「ミックアカデミー」の設立を目指して

二〇一二年の社長就任以降、中堅社員やサブマネージャーを対象とした研修の体制づくりを進め、現在は入社三年以内の新人向けの研修制度の構築を目指しています。そうした各階層に向けた研修を体系化して、将来的にはミック独自の社員育成プログラム「ミックアカデミー」をつくり上げていきたいと考えています。

構想はすでに固まっています。マネージャー未満の社員を「新人」「中堅（チーフやサブマネージャー未満）」「チーフやサブマネージャー」の三つの階層に分け、それぞれが受講する研修を、

新人→MNG（Mic Next Generation）

中堅→MMS（Mic Management School）

チーフやサブマネージャー→MBA（Mic Business Academy）

とします。

新人対象のMNGの目的は「ミックの理念を理解すること」「社内・お客様に対するコミュニケーション手法（初級）の習得」など。中堅対象のMMSは「後輩へのコミュニケーション手法（中級）」「店舗業績（P／L）・日報が読めるようになること」。チーフやサブマネージャー対象のMBAでは、将来マネージャーとなるために「店舗運営のためのマネジメント手法」「部下とのコミュニケーション手法（応用）」「チームビルディング」「マーケティング」「戦略構築」などが研修項目となります。

こうした各階層の研修を体系化した育成プログラムの確立は、当社の積年の課題でした。

前述のように、これまでの当社は、「千尋の谷教育」や「3K（気合・根性・経験）」など、精神論やパッション重視の人材教育しかできていませんでした。

新入社員が先輩社員に「どうすれば、〇〇ができるようになりますか？」と質問をすると、「〇〇」の中身が何であれ、ほとんどの場合、「気合だ」「根性だ」という返答で済ませてしまっていたのです。

私自身、そうした環境で育ってきた一人として、気合や根性を一〇〇パーセント否定するわけではありません。むしろ、仕事のある面ではパッションや気持ちが功を奏したり、それらがなければ成り立たない場面が少なからずあることは事実です。

ただ、パッションだけで仕事をすることのマイナス面もあります。

パッション重視の上司の下で育てられた若手社員は、上の勢いや力強さに引っ張られて成長も早く、一年目で目標達成することもしばしばです。しかし、二、三年経つと、「自分は、何のためにがんばっているんだろう？」「自分は、本当は何をしたいんだろう？」と壁に直面します。そんな悩める若手に対して、それまで「がんばれ」とだけ言ってきた上司は、「もっとがんばれば、きっと答えは見つかる」「経験を積めば、自然とわかる」「気合で乗り切れ」と3Kでしかアドバイスができません。結果、若手社員は、燃え尽きるようにモチベーションを落とし、会社を辞めていったりするのです。

パッションや、がんばる気持ちは大切です。しかし、その気持ちを下支えする仕組み、どんな社員でも等しくミック人として育っていくシステムも必要なのです。特に今後、社員数が増えていくことを考えれば、全社的な育成プログラムの確立は必須です。

ミックアカデミーの構想は、三、四年くらい前から持っていました。当時はミックカレッジという名称で、全社員をどういう階層に分けて、それぞれにどんな内容の研修を行なうかというだいたいのフレームワークは決めていました。ただ、ほかの事業との兼ね合いもあり、具体化させることができませんでした。その後、「１００ｖｉｓｉｏｎ」の進展に伴って社員数が増えていくなかで、社員育成プログラムの構築のプライオリティが急速に高まり、二〇二〇年に入ってから担当役員を決めて再始動しました。

直近の課題は、研修用の動画制作です。

当初は独自の研修テキストを作成する案もあったのですが、テキストだと講師の教え方によって研修を受ける側の理解の仕方がまちまちになってしまうおそれがありました。動画ならば、たとえば理念の研修として、私が自分の言葉で説明をしている映像を全社員に同じように見てもらうことができます。見る側の解釈による理解度の差の課題は依然としてありますが、同じ映像を見せることで教え方を一律にでき、伝えるべき内容をすべての社員に等しく伝えられるので、動画研修というスタイルを採ることにしました。

ミックの理念や歴史、各事業部の内容や基本的な営業方法、社会人としての振る舞い方やマナーなど、会社や事業に関することすべてを網羅したいと考えているため、将来的には動画の数は数百、もしかしたら一〇〇〇近くなるかもしれません。とはいえ、すべてをつくったうえでアカデミーを動かそうとすると、いつまで経っても動き出せないので、二〇二一年の四月スタートを目標に、まずは一〇〇の動画をつくることを目指しています。

私自身、「四方善し」や「善いことをする」などのミックの理念に関する話をスマホに向かって解説しながら自撮りして、動画の素材を一生懸命つくっているところです。また、ほかの役員は、物件のご提案の事前準備の手順など、営業のための基本的なテクニックを教えるハウツー動画をつくっています。

動画は、社員が一〇〇人いれば一〇〇人全員が知っておくべきこと、身につけておくべきこと、すなわちミックの社員としてのスタンダードなスキルを教えるメディアとして活用していくつもりです。

ただ、動画だけでは、社員教育は完結しないとも思っています。先ほども述べたように、ミックアカデミーのような社員育成プログラムは、仕事への熱意やお客様への想いを下支えする土台のようなものです。動画でミックの社員として仕事をするうえで必要な知識やスキルを身につけたら、あとは現場に出て、学んだことを先輩社員とともに実践するなかで、先輩社員の行動や姿勢から想いや熱意といったパッションの部分を学んでいってほしいと考えています。テクニックやハウツーは動画を通じて教えることはできますが、パッションはやはり人から人へと伝えていくしかありません。

なぜ、私たちはお客様のご要望を時間をかけてじっくりとヒアリングするのか。

なぜご提案の前に、五〇件以上の候補物件をリストアップし、そのうちの一五〜二〇件は現地に赴いて下見をするのか。

なぜ、ときにはお客様のご要望とは異なるご提案を差し上げるのか。

「何をするのか（しなければならないか）」は動画で伝えることができます。しかし、「なぜするのか（しなければならないか）」は現場に出てお客様と接するなかで感じ取ってこそ、自分のものとなります。

どれだけお客様の幸せを想像できるか。どれだけお客様の不安や心配に寄り添えるか。現場でそうしたパッションの部分を学んでこそ、はじめて一人前のミックの社員となれるのです。

社長Twitterは全社員がフォロー

ミックの理念については、できれば私自身が自分の言葉で社員たちに伝えたい。そんな思いがあるからこそ、これまで新人研修や全社員対象の社長研修を担当し、ミックアカデミーのために動画の自撮りをしてきました。

昨年（二〇二〇年）から、Twitterを始めたのも同じ理由からです。

私がTwitterで発信しているのは、ミックの理念に関わる普遍的なメッセージです。

たとえば、以下のようなものがあります。

「成長したいか?と聞くと成長したいと答える

しかし、変化したくないと言う人が多い

面倒だし
忙しいし
難しいし
などなど……理由をつけて変化を拒む
今と同じ事を同じだけやっている人は成長できない

目標を高く設定すれば現状との差が分かる
後は差を埋める行動をすれば自ずと変化し、成長する」

「今の積み重ねが未来を創る
だから創りたい未来を思い描かなくては今を一所懸命にできない

仕事もプライベートも実現したい未来の為に本気で今を生きていますか？
未来を見据えて大事な事をみつけてやり切ると成果に近づく

ワクワクする未来が確実に実現していく

だから毎日が楽しくてしょうがない！」

私のアカウントは、社員・パートスタッフ全員にフォローしてもらっています。Ｔｗｉｔｔｅｒのアカウントを持っていなかった社員・スタッフには強制的にアカウントをつくってもらい、フォローさせました。

以前であれば、全体朝礼など全社員に私の言葉を伝える場が定期的にありましたが、事業が多角化し、社員数が増えたことで全体朝礼への全員参加が難しく、私の声を届けにくい状況となってきました。朝礼の様子を撮影し、あとで見てもらうことでフォローはしていますが、その場にいるのといないのとでは、やはり言葉の受け取り方に差が生じてしまうし、タイムラグもあります。

そこで、私の言葉を社員・パートスタッフの全員が同時に受け取って読めるようにとＴｗｉｔｔｅｒを使ってみることにしたのです。

Ｔｗｉｔｔｅｒの利点はやはり、自分が伝えたいことを自分の言葉によって、伝えたいタイミングで、全社員に発信できることです。

役員やマネージャーに私の言葉を伝え、彼らを通じて現場の社員一人ひとりに伝達してもらうことも、上の人間のフィルターを磨くという観点から見れば、必要なことだと思います。マネージャーは各店舗で直に社員たちと接し、彼らのこともよくわかっているので、それぞれの性格や考え方に合わせて私の言葉を嚙み砕き、わかりやすく伝えてくれるはずです。

ただ、私としては、理念の定着・浸透には、私から直接、普遍的なメッセージを全社員に伝えていくことも必要だと考えています。

社員のなかにマネージャーから教えられた考え方や言葉しか入っていないと、彼らにとってはそれがすべてになってしまいます。その社員がやがて成長し、自分よりも下の社員を指導・教育する立場になったときも、自分がマネージャーから教わったことをベースに後輩指導をするはずです。そうしたことを繰り返していると、伝言ゲームのようにいつか正しい内容、正しい意味が伝わらなくなってしまうおそれがあります。

現場でマネージャーから教わる一方で、私からの言葉もＴｗｉｔｔｅｒを通じて読むことで、その社員は「マネージャーが言っていたことは、社長のこの言葉が背景にあったんだ」と、理解をより深めることができます。

現場で働きながら学ぶことは多いし、経験を通じて習得した考え方やテクニックは間違いなくその社員の血肉となります。しかし、それだけでは、現場ごと、指導するマネージャーごとに「違い」や「差」が生じてしまいます。

そうした違いや差を調整し、会社全体としての方向性を揃えるためにも普遍的な言葉、店舗や部署が変わっても絶対に変わらない理念や姿勢は伝えておくべきなのです。また、普遍的な言葉をＴｗｉｔｔｅｒ上に残しておけば、社員たちが困難に直面したときや、どうすればいいか迷ったとき、スマホを見てすぐに立ち返ることができます。

もうひとつ、Ｔｗｉｔｔｅｒの利点として、私と社員一人ひとりとのやりとりが気軽にできるようになったことが挙げられます。

Ｔｗｉｔｔｅｒを始めるにあたって、私から全社員に向けて「僕の投稿を読んで何か感じたり、考えたりしたら、どんなメッセージでもいいから返信をください。反応をもらえると、こちらの励みにもなります」「もし何か聞きたいことがあれば、ＤＭ（ダイレクトメッセージ）で送ってもらっても構わないからね」と伝えておきました。

ある日、ミックグループの洋菓子店「パティスリー雪乃下」の工場で働いている二〇代の女性スタッフから、「春木社長に直接メッセージすることは失礼かもしれないと思いましたが」と前置きしたうえで、次のようなメッセージが送られてきました。

「結果がなかなか出ない人、理解が遅い人はどうしたらよろしいでしょうか」

きっと彼女は、日々の仕事に取り組むなかで「できない自分」に直面し、悩み、葛藤して、どうにかして自分を変えたいと本気で思い、私にメッセージを送ってきてくれたのでしょう。

彼女の質問に対して、私は「もしあなた自身が結果を出せないのであれば、結果を出している人のところに行って、頭を下げて教えを乞えばいいと思います」と返信しました。すると、すぐに彼女から「社長の言葉に従って、もうちょっとがんばってみます」とコメントが返ってきました。

私自身がすべての店舗や工場に足を運び、そこで働いている一人ひとりに「何か悩んでいることはない？」「質問があれば何でも答えるよ」と声をかけて対応するのは、いまの会社の規模を考えれば現実的ではありません。しかし、Ｔｗｉｔｔｅｒを介してならば、こちらから「何でも質問していいよ」と投げかけておくことで、彼女のように質問のメッセージを送ってくれる社員もいるので、直にアドバイスをすることができます。

こうした気軽なコミュニケーションができるのは、やはりＴｗｉｔｔｅｒをはじめとしたＳＮＳの強みだと思うし、当社でも今後積極的に活用していきたいと思っています。

多能工は「オーケストラの指揮者」

お客様の想いをかたちにして、喜んでいただくには、「お客様のために」というパッションとともに、専門的な知識やスキルが欠かせません。そのため当社では、社員研修の体制づくりとともに、社員が業務に関連する資格取得を目指す際、金銭面、時間面での支援を行なってきました。

たとえば、宅地建物取引士(宅建士)の資格は、不動産取引を行なう店舗では一定数の有資格者の配置が法律で義務づけられています。そのため、不動産関連の業務に携わる社員には全員、取得を目指してもらっています。

勉強のために専門学校に通う場合は、その授業料は会社で全額負担。もし一年で合格できなかったとしても、最低三年間は授業料の支援を続けています。また、自宅では勉強が捗らないこともあるので、休みの日には本社の会議室を開放し、自主学習のために自由に使ってもらっています。わからないことがあるときは、休日出勤している先輩社員たちが自分の仕事をいったん中断し、その場で即席の講習をすることもあるようです。

給与面でも考慮し、在籍している部署の業務に直接的に関わる資格（宅建士や一級・二級建築士など）を取得した場合は、毎月の給料に資格手当を加算。業務に関係のない資格でも、そのがんばりを評価して合格お祝い金を支給しています。

資格取得は、お客様へのサービス向上に直結します。資格は、自分の将来のキャリアアップのためであり、お客様の幸せの実現のために取得するのです。

さまざまな専門資格を取得し、お客様の多様なニーズに対応できる社員になることを、前著『地域一番の不動産会社が世界の総合生活産業を志す日』では「多能工」と表現し、「全員が多能工であれ！」と書きました。一人で何役もこなせる社員が、そのころの当社の理想の社員像のひとつでした。

しかし近年では、私のなかで多能工のあり方が変化しています。

現在、私が多能工という言葉を使うとき、それは「私に言ってくれれば、自分が何でもやります」という自己完結型・万能型の専門家ではなく、例えるならば「オーケストラの指揮者」のようなイメージとなります。

さまざまな楽器を奏でる一流の演奏者たちが集まったオーケストラでタクトを振り、最高の演奏を観客に届けようとする指揮者のように、お客様のご要望をお聞きしたうえで、その実現のために必要なスキルや専門資格を有した人材を社内から集め、チームとして最高のサービスを提供する。そんな社員が、いまのミックが目指す「新・多能工」なのです。

社内のほかの人の力を借りるからといって、当人が専門知識やスキルについてまったく勉強する必要がないというわけではありません。「自分は不動産の売買が専門なので、建築やリフォームのこと、保険のことはわかりません（だから、ほかの詳しい社員を紹介します）」では、多能工とは呼べません。

指揮者が、オーケストラを構成する各楽器の奏でる音や演奏者の技術レベルなど、すべてのことを把握したうえで楽曲を練り上げていくように、お客様との窓口となる社員も、総合生活産業である当社が展開する各事業について深く理解し、

「不動産の売買については、私が担当します」

「保険については、こういう専門家がいます」

「リフォームは別の部署に詳しい者がいるので、今度時間を取って説明させていただきます」

とチームでお客様の理想の生活をデザインして、ご提案しなければならないのです。

タクトを振り、お客様の幸せをクリエイトするためのベストチームをつくり上げるには、どの部署に、どういう知識やスキルを持った社員がいて、いまどんな仕事に取り組んでいるかを常に把握しておくことが不可欠です。毎週木曜の全体朝礼や毎月の方針会など、全社員が集まる場を定期的に設けているのは、そうした部署や事業部の垣根を越えたやりとりをスムーズに行なうためでもあるのです。

また社員には、指揮者であると同時に、最高の演奏者であってほしいとも思っています。演奏者は、自分が担当する楽器で最高の音を奏でるため、日々厳しい練習を重ねているはずです。同じように、ミックの社員であるならば、自分が従事している業務に関しては誰にも負けない専門知識やスキルを持ち、日々向上心を持って仕事に取り組んでほしい。そして、もし指揮者となったほかの社員から声をかけられたら、お客様の幸せの実現のため、それまで培った知識やスキルを総動員して、チームの一員として最高のパフォーマンスを発揮してほしい。

最高の指揮者であり、最高の演奏家でもある。これからのミックの社員には、この両立をぜひ目指してほしいと思っています。

指揮者としての多能工になることを社員たちに求めるのは、第一に「お客様のため」ですが、別の側面として「社員自身のため」「会社のため」でもあります。

お客様のご要望を、自分一人の力だけで叶えようとしても、当然、自分のスキルや経験には限りがあります。しかし、社内の仲間の力を借りることで、自分一人では実現できないプランをお客様にご提案することも可能です。住宅の販売だけでなく、保険やリフォームなどもセットにすれば、単価も上げられます。

こうしたチームでの提案は、特に経験の少ない若手社員にとってメリットがあります。当社では、新人が大きなご契約をいただくことは珍しくありませんが、それもチームで動いているからこその成果です。そして、その新人はお客様から感謝の言葉をいただいたり、目標達成によって社内で評価をされたりすれば、大きな自信となり、その後の成長にもつながっていきます。

また、不動産仲介業を営む会社では、一般的に成績優秀な営業スタッフほど「自分一人でもやっていける」と考え、独立する傾向があります。しかし当社の場合、担当者一人の力でお客様からのご契約をいただいているわけではなく、チームで取り組んでいることで成果を上げているので、社員たちは「仲間の力があってこそだ」と肌身で感じているはずです。結果、離職率の低下という会社にとってのメリットも生んでいます。

これからミックが拡大していくにあたって、新人の成長スピードの迅速化も、経験豊富な社員の離職防止も、どちらも大切なことです。社員一人ひとりが多能工として、チームでお客様にご提案するスタイルは、そのどちらにとってもメリットがあるのです。

完全固定給制は、お客様と社員のため

当社は、不動産売買の仲介をメインとする会社としては珍しく、営業スタッフを含めて全社員完全固定給制度を採用しています。それも当社の理念と深く関わっています。

不動産仲介業を営む会社の多くは、営業スタッフに対して歩合給制を採っています。それは再三述べているように、住宅の売買は同じお客様からのリピートがほとんど期待できず、新規開拓をし続けなければならない、つまり固定収入のない業種だからです。不動産業界で、当社

のような完全固定給を採っている会社のほとんどは賃貸管理をメインとしています。賃貸管理であれば、管理委託料として毎月一定額の売上げが上がるので、固定給を維持できるのです。実を言えば、当社も創業したときは、業界の慣例にならって歩合給でスタートしました。しかし、ある時期に固定給に切り換えて、現在に至っています。

その理由のひとつは、歩合給を採用している同業他社のなかには、営業スタッフが仲介手数料ほしさに強引な営業活動を行なったり、「売りっぱなしであとは知らん顔」という無責任な販売を平気でしている会社があったからです。また、社員同士がライバル関係となってしまい、自分の売上げを上げることのみを考えるようになります。そうなると、前項で述べたようなチームで動くことが難しくなります。

当社では、現在掲げている「我が社の目的」や「経営理念」ができる前から、「善いことをする」「人の役に立つことをする」「お客様を幸せにする」などのことを営業の指針としていました。一人ひとりのお客様としっかりと向き合い、一生涯のお付き合いをするなかで、どうすればそのお客様が幸せになるか、そのためにどんなお手伝いができるのかを真剣に考える。また、お客様の理想の暮らしをデザインするには、担当者だけでなく、部署や店舗のメンバー全員で「お客様のため」に話し合い、アイデアを出し合うことが不可欠です。目先の売上げを追い求めるのではなく、お客様と一〇年、二〇年と長いお付き合いをしていくことができるのは、やはり固定給だからこそと言えます。

また、固定給に変えたのは「社員のため」という側面もあります。

お客様を幸せにするには、まず社員自身が幸せでなければなりません。それには社員の生活を安定させることが必要です。固定給として社員に安定した生活を保証してこそ、社員たちは安心して「お客様のため」に全身全霊で仕事に取り組むことができるのです。

さらに固定給は、経営者にとっては、いい意味での足かせとなります。歩合給であれば、かなりの極論ではありますが、稼いだ人の給料は増やし、稼げない人の給料は減らせばいいだけなので、経営者が何も考えなくても会社は回ります。しかし固定給であれば、会社は社員に毎月一定額の給料を払い続ける必要があります。そのためには社員一人ひとりにしっかりと働いてもらい、売上げを上げていかなければならず、経営者はその仕組みや方法を常に考え続けなければなりません。

当社が業界の常識であった歩合給をやめ、全社員固定給としたのは、お客様と社員のため、そして経営者が考え続けるためだったのです。

ただ、完全固定給とはいえ、成果を出した社員に対しては、しっかりと評価をしてあげることも大切です。そうでなければ、モチベーションを低下させてしまうおそれがあるからです。

そこで月間目標を達成した社員には、達成報奨金が月給に加算されるほか、成果に応じて賞与額も増額するようにしています。また、店舗として月間目標を達成した場合には、店舗に達成報奨金を出し、店長の裁量で社員に分配してもらっています。


給与に関する今後の課題としては、グループとして不動産以外の事業が増えていくなかで、全体の底上げをいかにはかっていくかということがあります。

不動産の仲介事業は、一つひとつの取引額が大きいため、おのずと月給のベースも高くなります。完全固定給とはいえ、一方、近年進出している飲食、保育、デイサービスなどは、そもそも大きな売上げが上がる業種ではないため、不動産関連事業に比べて月給のベースが低く、現状ではそれぞれの業界の平均値を少し上回るぐらいの給料しか支払うことができていません。

ニュースなどで保育士や介護スタッフの低賃金の問題が取り上げられるように、業種の特性として月給のベースを上げにくい現実はあります。しかし、低賃金のままではやはり日々の生活は苦しいでしょうし、自分が望むような人生設計を組み立てることも難しくなります。保育やデイサービス、飲食で働くスタッフたちも、ミックグループの社員です。彼らの生活を守り、安心して仕事に邁進できる環境をつくること、そして彼らとその家族を幸せにしてあげることは、グループを経営する私の使命です。

現状では、飲食や保育、デイサービスのスタッフがお客様から不動産に関するニーズを引き出し、担当事業部に「トス上げ」した場合、売上げの一部をトス上げした店舗や社員の業績として還元することを行なっています。

今後は、こうしたトス上げの制度を充実させ、月給のベースは必ずしも高くはないけれども、プラスアルファの部分で給料を上げていける仕組みづくりをしていきたいと考えています。

社員同士の「遊び」や「旅行」も会社で支援

チームワークの向上には、社員たちが互いのことを深く知り合うことが不可欠です。

当社の社員は仲がよく、休日も一緒に遊ぶことが多いのですが、そうしたプライベートの時間も大事にしています。

たとえば、仲のよい何人かでサーフィンやゴルフに行こうとなったら、メンバーを固定せず、それまで参加したことのない社員にも声をかけてもらうようにしています。そうすることで社員同士が交流し、互いを知る機会を広げているのです。

また、そうしたプライベートの遊びの場には、できるだけ私も参加させてもらっています。最近では、若い社員がサバイバルゲームにハマっていると聞きつけて、「私も行く」と装備一式を揃えて、サバゲー仲間に加えてもらっています。

単に遊びに行くだけでなく、たとえばゴルフコンペのように社内イベントとして行なう場合には、参加者のバス代や飲食代を会社で支援します。そうしたオフの日の遊びを通じて、普段一緒に仕事をしていない社員同士が仲よくなったり、お互いの仕事内容や考え方を知ってもらうことは、仕事のうえでもプラスになるからです。

また、同じ理由から、社員のプライベートの旅行も年一回に限り、補助をしています。金額は海外旅行であれば一人一〇万円、国内旅行であれば五万円で、場所や期間の指定はありません。ただし、二つだけ条件をつけています。ひとつは、必ず一〇人以上の社員でまとまって行くこと。もうひとつは、旅行期間中、必ず一回は参加者全員でディナーを一緒に食べて、集合写真を撮ってくることです。

撮った写真はパネルにして飾っておき、毎年夏になると社員たちの投票で「楽しそうな旅行ナンバーワン」を決定します。一位に選ばれた写真のメンバーには社長賞として金一封が与えられます。そうやって旅行後にもイベントを設けることで、社員同士で「次は、同じメンバーであの国に行こう」「次は、あの人も誘ってみよう」と盛り上がり、交流や親睦を深めていくのです。

いい仕事をするには、いいチーム、いい人間関係が欠かせません。

仕事とは別の場所や空間でともに楽しい時間を過ごせば、相手の意外な顔や性格、共通点が発見できるかもしれません。ほかの店舗や部署の社員との交流も深まります。そうした相互理解がチームワークを向上させ、いざ仕事に臨んだときに、お客様に対するサービスの質を向上させるのです。

私から社員たちによく言っているのは、仕事をするのも大事だけど、それと同じくらいいっぱい遊びなさい、ということです。一生懸命に遊べる人は、仕事にも一生懸命取り組めると私は思っています。つまり、遊びも、当社の人財育成の一環なのです。

将来的には、採用段階での教育も

「100vision」の進展に伴うさらなる拡大に対応するため、体系的な社員育成プログラムの整備が急がれますが、一方で採用方法の見直しも行なっていきたいと考えています。

現在では、理念の教育などは入社してから行なっていますが、採用の過程で当社の理念などについて詳しく知ってもらえれば、入社後の新人教育をよりスムーズに行なえるはずです。そのための手段として活用できそうなのが、現在ミックアカデミーのために制作を進めている動画や、私のTwitterです。両者ともいまのところは社員向けに行なっていることですが、会社説明会に来てくれた人や採用試験を受けている人など、社員以外の幅広い層に私たちの考えを伝えるツールになる可能性もあると考えています。

理想を言えば、入社した時点で、ミックの理念がしっかりと頭に入っている（知っている）状態にしておきたい。そうすれば、入社後は自ら考え、実践することに集中でき、理解へのスピードも速くなるのではないかと思うのです。

現在はミックアカデミーの体制づくりを行なっている最中なので、採用のことはまだ先になるかもしれませんが、将来的には採用活動から入社後の教育まで一貫した人財育成の仕組みをつくっていきたいという構想を持っています。

第3章

なぜ、多角化を目指すのか？

ミックグループの「一〇本の柱」

「一〇本の柱」のルーツ

「なぜ、不動産仲介の会社が、飲食店や、保育や介護の施設を運営しているのですか？」

社外の方とお話ししていると、よくそんな質問をいただきます。

当社が現在、不動産関連以外にもさまざまな事業を展開しているのは、何よりも「100vision」達成のため、二〇三〇年までに粗利一〇〇億円を達成するためです。粗利一〇〇億円を実現するために掲げた〝三つの手〟のひとつが多角化経営であり、粗利一〇億円の事業を一〇本つくることで、一〇〇億円に到達することを目指しています。

ただ、もっと根本的な話をすれば、当社が「総合生活産業」を志していることに多角化の原点があるとも言えます。

当社が総合生活産業を志したのは、暮らしに関するお客様のさまざまな夢や願いを実現したり、問題を解決するためであり、そして自分たちの会社が生き残っていくためでもあります

（第1章参照）。だからこそ、不動産仲介業からスタートした私たちは、リフォーム、保険、建築、賃貸管理、不動産コンサルティングといった不動産関連事業を展開してきました。現在は、その延長線上として、手がける事業が不動産関連のみならず、生活全般に広がっているだけなのです。

手がける事業が生活全般に拡大しているといっても、やみくもに手を広げているわけではありません。本章では、それぞれの事業を展開する目的を解説していきます。

各事業の話に入る前に、まずは多角化経営のベースとなっている当社の基本的な考え方について紹介します。

それは、全社員に配布している『ミック　ビジョンブック』の巻頭、「長期計画」の項に記載されている「医・食・住・遊・学（知）・法・時・眠」という言葉です。この八文字は、総合生活産業を営む会社として、お客様と一生涯を超えるお付き合いをするために押さえておくべきカテゴリーを示しています。

お客様が「家」という大きな買い物をするときだけ、「何でもお手伝いしますよ」「ご要望をおっしゃってください」と営業をしても、日ごろの関係性がなければ、なかなかこちらに振り向いてはくれません。いざ「家を買いたい」「売りたい」となったとき、お客様に「おたくの会社にはいつもお世話になっている。だから、家のこともぜひお願いしたい」とおっしゃっていただくためには、日々の生活を通じて親密にお付き合いをしていくことが必要です。ここに挙げた八つの文字はそのための指針なのです。

このカテゴリーは、時代とともに変化してきました。先代社長の父の時代には「衣・食・住」の三文字だけでした。その後、私が入社し、社長になる少し前に「遊」と「学（知）」を加えました。さらに私が社長になってから、「衣」を「医」に変えて、「法」「時」「眠」を追加しました。

「遊」はたとえば、シニア世代の遊びです。会社を退職し、時間的にも金銭的にも余裕のある六〇代、七〇代の方が、これまで仕事一筋で実現できなかった趣味を楽しむためのお手伝いをしていきたい、というイメージです。

「学」で考えたのは、幼稚園（保育園）、小学校、中学校、高校、大学と、年代に応じた学びの場をつくっていくことです。子どもの学びのステージが変わるタイミングは、家族の住宅需要が生じやすいタイミングでもあるからです。また、学校の運営は固定収入が得られるというメリットもあります。

「法」は法人営業。当社はこれまで個人のお客様を相手に事業を展開してきましたが、法人に対しても提供できるサービスがあるのではないか、ということです。

「時」は時間です。不動産の仲介も、お客様が自分で物件を探してオーナーさんと契約する手間（時間）を代行することで手数料をいただいているのですが、ほかにもお客様の一日二四時間、三六五日のなかで、私たちが代行し、お客様に自由な時間をご提供できる事業があるのではないかと考えています。

そして、最後の「眠」。人間は生涯の三分の一の時間を眠って過ごしているので、お客様に眠りに関するサービスを提供することで、起きて活動している時間も充実したものにしていただけるのではないか、あるいは良質な眠りによって健康で長生きできる暮らしを送っていただけるのではないか。そんなことを考えています。

この「医・食・住・遊・学（知）・法・時・眠」という漠然としたイメージを、具体的な事業の方向性として落とし込んだのが、「１００ｖｉｓｉｏｎ」の多角化経営で掲げている「一〇本の柱」なのです。

すべての事業は、不動産につながる

ミックグループは生活に関する一流の百貨店、一流のデパートでありたい、と私は常々思っています。お客様が日々の暮らしに関することで夢や願望、あるいはお困りのことがあったとき、当社に来ていただければ、何でも実現、解決できる会社でありたい。だからこそ、当社は総合生活産業という看板を掲げてきたし、一〇本の柱は総合生活産業を具現化するための指針でもあるのです。

事業の多角化というと、リスク分散やシナジー効果の観点から語られることが多いと思います。当社の場合、リスク分散のためではなく、シナジーを生むために多角化を進めています。それを端的に表現したのが、第1章で述べた「一〇×一〇《テン・バイ・テン》」という言葉です。

ミックグループは介護、保育、医療、飲食、宿泊、アパレルなど多様な新規事業を展開していますが、根幹はやはり不動産関連事業にあると考えています。不動産関連事業を着実に成長させ、業績を上げ続けることができてこそ、会社も存続し、社員を守ることができるのです。

不動産関連以外の事業部門は、お客様の多様なニーズにお応えする目的がある一方で、当社の大黒柱である不動産事業を支えること、つまりそれぞれの事業のお客様から潜在的な不動産ニーズを掘り起こし、関連する不動産事業部に「トス上げ」することも重要な役割です。そのため、新たに進出する事業を選ぶときも手当たり次第に行なっているわけではなく、不動産ニーズが開拓できそうな事業を見極めて展開しています。

たとえば、「保育園」を運営しているのは、お子様が保育園から小学校に進学する前のタイミングで住宅の購入を検討される方が多く、そうした潜在的なお客様とのつながりをつくっておくため、という側面があります。また、お子様を保育園に預けているということは夫婦共働き、すなわちダブルインカムなので、世帯年収が高く、住宅購入を検討する経済的な余力があるご家族と出会える機会も多いと考えています。

「学童保育」を展開するにあたり、「Ｋｉｄｓ Ｄｕｏ（キッズデュオ）」という英語で学童保育を行なうフランチャイザーを選んだのも、子どもに対して英語教育を積極的に行なうのは比較的年収の高い家庭であり、やはり当社の不動産部門のお客様になっていただける可能性があるからです。

「訪問医療」や「デイサービス」では、ご自身や同居する親が高齢となり、階段に手すりを設置する、屋内の段差をなくすなど、自宅内を暮らしやすくリフォームしたいというニーズが掘り起こされることを見込んでいます。

最近ではハワイに会社をつくり、将来的には「ウェディング事業」を展開していきたいという構想を持っています。結婚すれば、たいていの場合、ご夫婦で住む家を購入、あるいは賃貸で探すことになるため、そのときに私たちがお手伝いできることがあるのではないか、という発想です。

当社にとっての多角化とは、総合生活産業としてお客様の生活をあらゆる面から支えるための仕組みであり、将来的に家の売買や賃貸、リフォームのお客様になり得る人を集める仕組みでもあるのです。

不動産関連以外の事業部門で働く社員を採用するときも、最終面接は私が必ず行ない、ミックの本業が不動産事業であることを伝えたうえで、それぞれの業務に責任を持って取り組んでもらうのと同時に、「不動産の売買やリフォームにつながるようなお客様の声を集めてきてほしい」とお願いしています。つまり、保育園の保育スタッフや、訪問医療の先生たち、飲食店の調理・接客スタッフは、不動産の営業スタッフでもあると言えるのです。

また、新規事業は「小さく始めて、大きく育てる」ことを基本としています。ほとんどの新規事業は、初期段階の投資としては数百万円程度、お金をかけたとしても一〇〇〇万円程度でスタートさせています。数百万～一〇〇〇万円くらいの金額であれば、銀行などから借入することなく、内部保留で十分に賄えます。例外は、簡易宿泊事業と、宿泊施設に併設された飲食店二店舗で、これらに関しては初期投資額が大きくなってしまったので銀行から資金調達をしました。

新規事業なので、すぐに安定的な業績を上げることは求めていませんが、将来性のないことをダラダラと続けるのは会社としてはマイナスです。そこで新規事業の継続・撤退基準として「出店から一年間のうち、単月黒字化」「出店から三年間で累計黒字化」という二つの条件を設けています。

この条件は、担当者に具体的な目標を持たせるためでもありますが、一方で「結果が出なければ三年で撤退するから、三年間は徹底的にやってみろ」というメッセージでもあります。目標を達成するために必死になって努力した経験は、仮にその事業では結果を残せなかったとしても、次の仕事に取り組むときの糧となり、必ず役に立ちます。三年間というリミットを設けても、ているのは、目標達成に向けてがむしゃらになってほしいからなのです。

外部からの借入に頼らず、自己資金で新しい事業にチャレンジできるのは、何より本業である不動産事業が土台にあるからです。土台がしっかりしているからこそ、新しい事業に進出していけるし、新規事業からのトス上げによって、本業の事業運営もさらに強固なものとなる。そんな相乗効果のサイクルを回していくことが、当社の多角化経営の理想的なあり方なのです。

一〇本の柱に関連する各事業は、すでに運営されて実績を上げているものもあれば、やっと種まきが終わってこれから育てていくもの、まだ手をつけられていないものがあります。

次項以降、個々の事業について詳しく解説していきます。

ライフアップ事業（介護・保育）
介護や保育はフランチャイズで展開

二〇一二年に父の後を継いで社長に就任し、私がまず進出したのはライフアップ事業です。一〇本の柱で言えば、シニア事業、教育事業にあたります。

二〇一二年一〇月に、現在グループの介護や保育事業を担っている子会社「ミックほっとステーション」を設立し、翌二〇一三年に訪問医療（鍼・灸・あん摩マッサージ）を行なう「こころ港南はりきゅう治療院」（以下、こころ治療院）を開業。二〇一五年七月には「いきいきデイサービス」と「にこにこ保育園」を併設した世代間交流施設「ふれあいの家」をオープン。二〇一八年二月には、英会話学習と学童保育が合わさった「キッズデュオ港南店」を開設しました。

どの施設も当社がゼロから立ち上げたわけではなく、すでに事業運営のノウハウを持っているフランチャイザーと契約を結び、ノウハウをご提供いただいて運営しています。

FC契約を結ぶ提携先を選ぶにあたっては、特にこだわりがあったわけではありません。私のなかにまず「訪問医療をやりたい」「保育園やデイサービスをやりたい」という構想があり、それを実現できそうなフランチャイザーを探し、話を聞いて納得できれば、すぐに契約を結ぶという流れでした。提携先を吟味するために時間をかけるよりも、まずはやってみて、しっかりと不動産事業にトス上げができるかどうかを確かめたかったのです。

担当者には、当時入社三年目だった若い女性社員を抜擢しました。詳しくは後述しますが、ライフアップ事業をはじめとした当社の新規事業は、基本的に若手社員に任せるようにしています。「こころ治療院」や「ふれあいの家」も、彼女が現場の先生やスタッフと協力しながら、一人で立ち上げて運営しています。彼女の仕事ぶりはずっと見守っていましたが、かなり大変だったと思います。それでもがんばってやってくれたおかげで、現在は四つの施設とも順調に運営できています。

「こころ治療院」については、募集して最初に来てくれた先生がすばらしい方だったことが幸いし、その後の施設運営の大きな助けになりました。というのも、その方の紹介でよい先生が次々に集まり、その結果、患者さんも右肩上がりに増えていったからです。現在は常時一〇人ほどの先生がローテーションを組んで、患者さんを診てくれています。

「ふれあいの家」は、もともと当社の建築ショールームとして使っていた建物を利用し、一階で「いきいきデイサービス」を、二階で「にこにこ保育園」を運営しています。

デイサービスも保育園も人をお預かりする仕事なので、それぞれ運営にあたっては厳しいルールが設けられています。そのため、同じ建物内に保育園とデイサービスが共存するという事例は過去になかったそうです（同じ敷地内で建物は別々、という例はあるようですが）。ただ、私たちとしては、せっかくならばこれまでにない形態で運営してみたいという思いもあり、それぞれの基準に適うように建物を徹底的にリフォームして、介護と保育を融合させた「世代間交流施設」として開業しました。

開業後は、これまでにない介護・保育施設として、取材を受けたり、大学の研究者が見学に来たりと、大きな注目を集めました。利用者の皆様にも好評をいただき、保育園、デイサービスともに常に定員いっぱいの利用者を維持できています。

不動産事業へのトス上げに関しては、売買の契約にまで至ったケースはまだないのですが、本人やご家族から家に関する相談を受けることは頻繁にあり、そのつど最寄りの支店の営業スタッフがお話を伺いに行っています。階段に手すりをつけたり、家の中の段差をスロープにしたりというリフォーム工事は何度もやらせてもらっています。

今後は、「こころ治療院」では訪問治療だけではなく、来院治療も行なっていければと考えています。また、「いきいきデイサービス」では、居宅介護支援サービスを始めていきたい。社会的ニーズの高い保育園や学童保育については、二号店、三号店を展開し、より多くの方にご利用いただけるようにしていきたいと思っています。そうやってお客様との接点を広げていくことが、不動産事業へのトス上げの数を増やしていくことにもつながっていくからです。

飲食事業1

イタリアンから居酒屋へ

飲食事業としては現在、居酒屋を二店舗（「だるま」「楽市楽座《らくいちらくざ》」）、弁当店「べんと」を一店舗、洋菓子店「パティスリー雪乃下」を六店舗、運営しています。ほかに会員制ワインバー「ＶＩＮＯ」があるのですが、コロナ禍の影響を受けて現在閉店中で、二〇二一年の夏ごろを目標にリニューアルする予定です。

当社の飲食事業一号店は、いまはもう閉じてしまっているのですが、「リストランテ　デラ・カーサ」という一軒家のイタリアンレストランで、オープンは二〇一四年でした。

そもそもなぜ飲食事業に進出したのかと言えば、食事は毎日食べるものであり、レストランであればお客様に定期的にご利用いただいたり、常連になっていただけるだろうと考えたからです。また、レストランは家族連れのお客様も多く、みなさんに団らんの時間を提供し、幸せなひとときを過ごしていただくとともに、家族でミックという会社に親しみを持っていただければと思ったからです。

一号店がイタリアンだったのは、単純に私自身が、イタリア料理が好きだったことがひとつ。また、料理のジャンルとして、美味しいものをリーズナブルに提供できると考えたからです。店舗は、私が飲食業への進出を検討していたとき、ちょうどあるイタリアンレストランのオーナーさんがご自身は引退するということで、物件を賃貸に出しているのを見つけて、「これだ!」と即決しました。ただ、ウェディングパーティーもできるような庭つきの広々とした一軒家で、毎月の家賃が少々割高だったため、建物の一階のみをレストランとして、二階は建築ショールームとして利用することにしました。

運がよかったのは、もともとイタリアンレストランとして営業していたので、什器や備品などはたいてい揃っており、さらにシェフやホールスタッフといった飲食店を営業するために不可欠な人材もそのまま移ってきてくれたことです。

「リストランテ　デラ・カーサ」では、ランチを食べにきたお客様が五〇〇〇万円の新築物件を買ってくださったり(第1章参照)と、トス上げの効果はある程度はありました。しかし、店舗の立地があまりよくなく、お客様は地元の方ばかりだったため、レストラン単体で見ると営業的には厳しいものがありました。また、不動産へのトス上げも、もっと幅広いお客様にご来店をいただけたほうが期待はできます。

そこで移転の検討を始めたのですが、前後して鎌倉の中心部でB&B（簡易宿泊施設）を展開しようという計画が動いていました（簡易宿泊事業についてはP156参照）。宿泊施設を営業する場合、食事を提供するためのキッチンを持たなければなりません。そのため、「だったら、鎌倉で飲食店をやろう」ということになったのです。

二〇一九年三月、「リストランテ　デラ・カーサ」は閉店。建物は一階、二階ともショールームとして、「スタジオ　デラ・カーサ」としてリニューアルしました。そして、同年一一月、まずは鎌倉由比ガ浜に「旨いさかなと酒　楽市楽座」をオープンさせました。

なぜ、イタリアンではなく、居酒屋に業態を変えたのかと言えば、理由は二つあります。

ひとつは、周辺に居酒屋がなかったからです。

出店する場所を決めたあと、まわりにどんなジャンルの飲食店があるのか、リサーチしました。すると、フレンチ、イタリアン、和食、中華などは揃っていましたが、居酒屋っぽい店だけはありませんでした。前の店での四年半の経験を活かしてイタリアンレストランとして出店する選択肢も考えましたが、そうなるとすでにあるイタリアンの店とライバル関係になってしまいます。私としては、地元の店と争うよりも共存共栄し、力を合わせてこの地域を盛り上げていきたい、という思いがありました。それが四方善しの「地域のため」になるからです。そこで私たちの店は、唯一このあたりになかった居酒屋業態としたのです。

また、新たに開店する飲食店は、B＆Bの宿泊客も食事ができるように、同じ建物の一階部分に位置していました。B＆Bがターゲットにしていたのは、訪日外国人観光客です。日本に来た外国人観光客に食事を楽しんでもらうには、やはり日本らしいもので、かつパフォーマンスがあったほうが見た目にも面白いのではないかと考えたのです。

二〇二〇年七月にオープンした「炭火焼鳥　だるま」も同じくB＆Bに併設された飲食店で、やはりキッチンのライブ感を重視して、国産鶏を炭火で焼き上げる焼き物をメインとした焼鳥店としました。

飲食事業2

社長自ら皿洗い。「先ず隗より始めよ」を実践

前章で私は、人財育成のために「先ず隗より始めよ」ということを大事にしていると書きました。飲食店の新規出店でも、私はこの自分のモットーを実践しました。

「リストランテ　デラ・カーサ」をオープンさせたとき、キッチンやホールにはもともといたスタッフに入ってもらいましたが、メニュー開発をしたり、店舗運営の具体的な方法は、こちらから社員を出して担当させました。

担当者は、当時、私の秘書をしていた入社一年目の女性社員です。彼女に任せた理由は、学生時代に焼鳥屋でアルバイトをしていたと聞いたから。アルバイトなので、メニュー開発や店舗運営には関わっていなかったと思いますが、「あとは、若さで何とかなるだろう」と考えてのことでした。

とは言え、彼女ひとりにすべてを押しつけるつもりもありませんでした。私は「一か月は、みんながいちばん嫌がることをやろう」と心に決めて、毎日、サロンエプロンをしてキッチンに入り、食器やグラス洗いをすることにしたのです。

プレオープンの日には、当社の社員、関係会社の方々、不動産のお客様など、できるだけ多くの人に声をかけて来店してもらい、賑やかに営業を始めました。私はキッチンで、洗い物のほか、ドリンクを担当。ビールを注いだり、カクテルをつくっては、みなさんの席に運んでいました。役員の友人は、休みなく立ち働く私の様子を見て、「あんなに動く社長は見たことがない」と驚いていたそうです。

店がオープンしてからは、毎朝七時に港南台の本社に出社し、七時三〇分からのマネージャー会議に出て、社長としての業務を行なったあと、一一時の開店に間に合うようにデラ・カーサへ。ランチ営業を手伝って、店が休憩時間に入ったら、再び本社に戻ってデスクワーク。その後、一七時から夜の営業が始まるので、それに間に合うように店に入り、二三時まで営業。店を閉めたら、レジ締めをして、その日の売上げを本社まで運んで、〇時三〇分ごろにやっと帰宅。そして、翌朝はまた七時に出社して……というルーティンで一か月を過ごしました。

私が「先ず隗より始めよ」を実践するのは、そうした経験を通じて、社員たちの大変さや苦しさに共感できるようにもなるし、オペレーションの問題点などもよく見えてくるからです。また、現場のスタッフから「これができない」「あれが難しい」と言われても、自分が経験しているからこそ「じゃあ、こうしてみたら？」「自分だったら、こうするけどな」と具体的な提案・返答もできるようになります。

そして何より、トップが面倒なこと、手間のかかることを率先して行なうことで、現場の社員・スタッフたちは「自分たちの仕事をちゃんとわかってくれようとしているんだ」と感じ、彼ら・彼女らも一生懸命に仕事に取り組むようになり、チームとしての一体感は強固なものとなります。

実際、担当の女性社員は、ときには涙を流しながらも懸命にがんばり、店舗運営の重責を担い続けてくれました。

あるとき、社員の飲み会で久しぶりに彼女と会ったとき、私は「なんで、あんなにがんばれたの?」と聞いてみました。彼女の答えはこうでした。

「社長がいきなりサロンエプロンをして、お皿を洗い出したとき、『私も覚悟を決めてやらなきゃダメだ』って思ったんです」

新規事業を立ち上げるとき、担当者にはかなりの負担がかかります。プレッシャーも相当なものでしょう。だからこそ、上から「ああしろ」「こうしろ」と指示を出すだけではなく、自分も最前線に立って、ともに戦うのです。上の人間が実際に行動して背中を見せれば、下の人間も覚悟を決めてついてきてくれます。そのことは、右の彼女の言葉が証明しているのではないでしょうか。

飲食事業3
攻めの飲食としての弁当店

飲食事業では、レストランや居酒屋だけではなく、弁当店も運営しています。手づくり弁当の店「べんと」をオープンしたのは、二〇一七年一一月のことです。

なぜ、弁当店を出店したのかと言えば、「攻め」の飲食をしたかったからです。

飲食店は、どうしても「待ち」のビジネスになります。チラシを撒いたり、グルメサイトに情報を掲載したりして集客努力をすることはできますが、基本は店を構えて、お客様に来ていただくことを待つしかない。弁当店も、お店でつくって売っているだけでは同じく「待ち」ですが、つくった弁当をご自宅に宅配するサービス（宅食）や、会社の会合やイベント、地元のスポーツチームの試合があるときにまとまった数を配送するなど、こちらから営業して注文を取っていく「攻め」のビジネスも可能です。

店舗ははじめ、本社近くの物件を借りました。そこは、以前から弁当店をやっていたところで、前の事業者が撤退することになり、オーナーさんから「またテナントを募集したほうがいいのか、建物を壊してパーキングにしたほうがいいのか?」と相談を受けていました。ちょうどそのタイミングで、私の頭の中に弁当店の構想があったため、「だったら、うちでやらせてください」とそのまま弁当店として借りることにしたのです。

店舗での販売だけでなく、将来的には宅食サービスも展開したかったため、一部のメニューの開発には管理栄養士さんにも加わってもらいました。宅食が必要な方は、年配の人や病気などで外出が思うようにできない人が多く、健康に配慮した栄養バランスのいい食事を提供するためです。

二〇二〇年一一月には、本社に近い野庭《のば》団地のショッピングセンターにあった弁当店が閉店するということで、そこに移転をしました。

移転の目的のひとつは、野庭団地には当社のお客様が多く、たくさんの人に日常的にお弁当を買っていただけるのではないかと考えたからです。リピート客の確保は、売上げを安定的に伸ばしていくには必須です。もうひとつの目的は、新規開拓です。野庭団地には現在二八〇〇世帯の分譲、三〇〇〇世帯の賃貸があるので、開拓の余地はまだまだあります。また、地域の高齢化が進んでいることもあり、宅食サービスへの進出の拠点としても最適な場所だと考えました。

今後は、お医者さんを呼んで健康に関するセミナーや相談会を開催し、そこで日々の食事についてもアドバイスをしてもらい、宅食弁当の受注も取っていく、ということも行なっていきたいと思っています。そうすることで一〇本の柱のうち、飲食事業だけではなく、ウェルネス事業としても広げていけるし、何よりも食を通じてお客様に健康で幸せな暮らしをご提供できるからです。

飲食事業4
事業譲渡を受け、パティスリーにも進出

二〇二〇年二月には、飲食部門の新しい業態として洋菓子店「パティスリー雪乃下」をスタートさせました。

同店はもともと別の会社が運営していたのですが、鎌倉の小町通りにあった本店が建物の取り壊しのために移転しなければならず、社内的な事情で事業を手放すことを検討していました。

一方、当社としては飲食事業をさらに拡大していきたいという狙いがあり、事業譲渡を受ける

ことにしました。

建物の取り壊しが決まっていた鎌倉本店は、場所を東口の小町通りから駅の西側に移し、「パティスリー雪乃下　鎌倉駅前店」としてリニューアルオープン。併せて、鎌倉に新たな製造拠点も新設しました。また、同店は商業ビルのテナントとして四店舗出店していたため、それらもミックグループで引き継ぎました。つまり、この事業譲渡によって五店舗の洋菓子店を運営することとなったのです。のちにテナント店舗を一店追加し、現在ではパティスリー雪乃下は六店舗体制となっています。

店舗のスタッフも全員、事業譲渡に合わせてミックグループに再雇用となり、われわれの仲間となりました。さらに、鎌倉本店の二階には「ブラッスリー雪乃下」というレストランがあり、そこも同じタイミングで閉店となったため、希望者はミックで受け入れると伝えたところ、数名が転職してきました。

総勢で二十数名の社員・パートスタッフを中途で受け入れることになり、しかも彼らはみな飲食の現場経験が豊富だったため、飲食事業の人員体制は一気に充実しました。

ただ、即戦力のスタッフが増えたというメリットの反面、課題もありました。中途でミックに入ってきた彼らのなかには、やはり前の会社の理念や文化、考え方が染みついています。そのため、仕事上のちょっとした判断や行動で、こちらが求めることとズレてしまう場面が何度かあったのです。もちろん前の会社の理念や文化もすばらしいものなのですが、ミックの社員・スタッフになった以上、やはりミックの理念に基づいて考え、行動し、仕事に取り組んでほしいのです。

第2章でも述べたように、これから事業を拡大していく過程で、「パティスリー雪乃下」のように多くの中途社員・スタッフを受け入れるケースも出てくるでしょう。そのときにいかに彼らを再教育し、ミックの理念を理解したミック人に育てていくか。それは全社的な課題であり、飲食部門では現在、部門に特化したクレドを刷新しているところです。

居酒屋業態の「楽市楽座」「だるま」や、洋菓子店「パティスリー雪乃下　鎌倉駅前店」を鎌倉の中心部に出店したり、弁当店「べんと」を新規開拓が期待できる野庭団地に移転するなど、この一、二年で新たに動いたことが多いため、飲食事業から不動産事業へのトス上げが増えてくるのはこれからだと予想しています。

ほかの事業部でも、まずはその部門で働く社員やパートスタッフが自分たちの不動産の相談を社内の関連部門にしてくるようになり、その次にお客様をトス上げしてくれるという傾向があります。いまのところ、「べんと」のパートスタッフの何人かが、当社の不動産部門を通じて、家を買ったり、売ったりしている実績はあります。ですので、飲食部門でもこれから徐々にお客様の不動産ニーズを掘り起こし、トス上げしてくれる段階に入っていくだろうと考えています。

民泊（簡易宿泊）事業

B&Bの運営は、外国人スタッフとの理念共有のため

二〇一九年には、民泊（簡易宿泊）事業にも進出しました。同年三月に鎌倉由比ガ浜に開業した「B&B Surf Rider」を皮切りに、翌二〇二〇年三月には「B&B YUIGAHAMA」（一階には「旨いさかなと酒　楽市楽座」）、八月には「B&B KAMAKURA」（一階には「炭火焼鳥　だるま」）を相次いでオープンさせました。

ここまでの項で述べてきた介護、保育、飲食といった不動産事業以外の新規部門の目的は、

お客様から不動産ニーズを掘り起こし、関連事業部にトス上げすることです。しかし、簡易宿泊事業に関しては狙いが少し違います。

傍からは、インバウンドの隆盛や東京オリンピック開催（結局、延期になりましたが）の盛り上がりに乗じて、鎌倉という人気の観光地で訪日外国人向けの宿泊ビジネスを始めた、と見られているかもしれません。たしかに、施設の利用者としては、訪日外国人観光客を想定していま す。しかし、事業の目的はインバウンドで稼ぐことではありません。

私が見ているのは、利用者のほうではなく、スタッフのほう。外国人を相手にする施設を運営することで、外国人スタッフを雇用するための環境をつくり、彼らにミックの理念をどう伝えるのかという〝実験〟をしてみたかったのです。

日本は少子高齢化が進み、将来、日本人の労働人口は著しく減少していくと予測されていま す。それに伴い、外国人労働者の割合はいまよりももっと増え、外国人の働き手がいなければ立ちいかなくなる会社も増えていくでしょう。一方、人口減少によって国内のマーケットが縮小すれば、業種を問わず、海外に新たなマーケットを求めて出ていかなければなりません。そうなった場合、海外の店舗や工場などで現地の方を採用して働いてもらうことになるでしょう。

つまり、外国人を雇用する仕組みを整えておくことは、日本の企業がこれから先も生き残っていくためには絶対に必要なことなのです。

当社も、将来的な海外展開を視野に入れています。詳しくは第4章で述べますが、すでに二〇一七年にはハワイ支店を本格稼働させ、二〇二〇年二月にはハワイでローカル・アパレルブランド「Hi Life（ハイライフ）」のショップを運営するために、現地法人「M.I.C.International（エムアイシーインターナショナル）」を立ち上げました。

海外展開をするにあたって、日本人社員の語学力の課題ももちろんあるのですが、それ以上に重視しているのが、外国人スタッフに「四方善し」や「善いことをする」といった当社の理念をどのように理解してもらうかということがあります。

外国人は、話す言葉も違えば、育ってきた環境や文化、仕事や生きることへの価値観も日本人とは異なります。そんな彼らに対して、日本人の社員にもどう伝えようかと日々悩んでいる理念を、彼らの母国語でどう正確にわかりやすく伝えるか。そうした外国人への理念の浸透・定着の問題、言い換えれば「理念の国際化」の問題は間違いなく、今後海外展開を進めていく際の大きな壁となるはずです。その壁を越えなければ、われわれは世界に出て成功を収めることはできないでしょう。そこでまずは、日本国内の外国人向けの宿泊施設で、外国人スタッフを雇用し、試行錯誤してみようと考えたのです。

外国人の雇用という目的のもと、なぜ簡易宿泊事業を選んだのかと言えば、一〇本の柱のひとつである固定収入を得るためです。固定収入を増やすには、毎月の家賃や手数料として一定の金額を支払ってもらうのがいちばんですが、民泊もうまく集客ができれば定期的な収入が見込めます。

また、今後グループとして拡大していくなかで、やはり宿泊業は外せません。将来的にホテル管理やホテル経営に進出していくためにも、まずは民泊で宿泊業の事業運営の経験を積んでおきたいと考えました。

運営にあたっての課題は、山ほどありました。

まずはスタッフ。事業の目的が「外国人の雇用と教育」なので、当社で働くことを希望する外国人を一から探さなければなりませんでした。

事業を中心的に担う社員には、何年か前に海外事業のために台湾で採用活動を行なったことがあり、そのときのつながりを活かして、台湾人の女性を採用しました。アルバイトスタッフも全員、外国人とするため、横須賀の米軍基地で募集をするなど、あの手この手を使って人を集めました。

　また、当社には宿泊施設を運営するノウハウを持っている人間は誰もいなかったので、社内の各部門から人を集めてプロジェクトチームをつくり、情報収集や侃々諤々の議論を重ねながら、ゼロベースから運営方法を構築していきました。


　いちばん苦労したのが部屋割りと集客です。

民泊の場合、法律上、宿泊客一人あたり三・三平方メートルのスペースを確保しなければなりません。当社のB&Bでもはじめ、必要スペースを確保したうえで一部屋にベッド二台を並べて、ベッド単位で募集をしました。しかし、当初は予約がまったく入らなかったのです。それで「一部屋あたりで募集しないとダメなのか?」「それともスペースを区切る壁が必要なのか?」「そもそも価格設定がよくないのか?」などとチーム内で意見を出し合いながら改善策を検討しました。仮説を立て、実際にやってみて、結果を検証し、次の行動につなげる。トライ&エラーを繰り返すことで改善を重ねているのが現状です。

　本来であれば、二〇二〇年のサマーシーズンに由比ガ浜で海の家を営業して、海の家と絡めた宿泊サービスを展開したり、「B&B Surf Rider」の屋上でバーベキューをしたりと、集客強化のためのさまざまなイベントを実施して、今後に向けて弾みをつけるつもりでした。しかし、残念ながらコロナ禍ですべて中止に。利用者としてもともとは訪日外国人観光客を想定していましたが、同じくコロナ禍でその想定も覆り、現在は日本人旅行者をターゲットに新たな戦略を練っているところです。

外国人スタッフの教育についても、現在、当社の理念の多言語化などに取り組んでおり、今後このB&Bをベースに試行錯誤をしていくことになるかと思います。

地域活性支援事業

イベントなどを企画し、地域の価値を向上

横浜市営地下鉄・上永谷《かみながや》駅の駅前にも、当社が運営する飲食店があります。

店名は「いちょう坂カフェ」。カフェではありますが、出店の目的は、当社の飲食部門が手がけるほかの店舗（「楽市楽座」「だるま」「べんと」「パティスリー雪乃下」）とは異なります。同店はコミュニティカフェとして、飲食店のほか、商店街情報発信基地、商店街の事務局、コミュニティスペースとしての機能も持ち、当社の地域活性支援事業の拠点となっているのです。

出店のきっかけは、当社がこれまで大事にしてきた「お客様が抱える問題を解決する」というスタンスの典型的なパターンです。

上永谷駅前には、昭和五〇年代に開発されたニュータウン丸山台の真ん中を走る約一キロのメインストリートがあり、その周辺には一〇〇以上の店舗が集まっていました。それが丸山台商店街です。しかし、全国各地で問題になっているように、この商店街でも運営役員の高齢化や、なり手不足などが重なり、徐々にさびれた雰囲気になっていました。

ある日、商店街の会長さんが、駅前にある当社の上永谷店を訪ねてきて、世間話の流れで「商店街を活性化するアイデアはないものかな?」という話をしていました。それを聞いた女性スタッフが、「だったら、本社に相談してみますね」と気を利かせて、話を受けた本社企画課の社員が商店街のポスター制作を手がけさせてもらったのが最初の仕事でした。

このポスター制作をきっかけにいろいろな相談を受けるようになり、「だったら、商店街全体のプロデュースをやりますよ」と、二〇一三年から地域活性支援事業として立ち上げることになったのです。

丸山台商店街から「丸山台いちょう坂商店街」と名称を変えたのも、当社が関わるようになってからです。また、活動には拠点が必要だろうということで、二〇一六年八月に駅前に「いちょう坂カフェ」をオープンしました。同店は、カフェとして営業しながら、商店街事務局や会議スペースとしての機能も持ち、さまざまなイベントを開催して地域の人たちの交流の場にもなっています。

ほかにも、商店街のシンボルの募集、ガイドマップ「いちょう坂手帖」の作成、夏祭りの開催などを、商店街の人たちと協力して行なってきました。二〇一五年にはメインストリートの約三〇〇メートルを通行止めにして、街をあげての歩行者天国イベント「丸山〝大（だーい）〟ホコテン」を開催。当日は約一万五〇〇〇人、翌年には約二万五〇〇〇人が訪れ、大盛況のうちに幕を閉じ、以後毎年実施される商店街の名物イベントとなりました。

当社が商店街の活性化を支援するのは、ひとつには「四方善し」の中の「地域のため」という理念に基づいているのですが、もうひとつには、ほかの事業部門と同じように不動産事業とのつながりがあります。

それは「地域の価値を高める」という目的です。

日本における不動産の価値は、新築がピークで、その後は下がり続けていくのが一般的です。それは街も同じで、新しく開発されて新築物件の多い地域は人気が高く、住宅の取引価格帯も高水準となります。しかし、年月の経過とともに価値は右肩下がりとなってしまうのです。

不動産や地域の価値が下がってしまえば、私たち不動産仲介業者がどれだけ懸命に仲介をしても、いただける手数料は減っていきます。それは、私たちにとっては死活問題です。

不動産の価値を少しでも高めるには、まず何よりその地域の価値や魅力を高める必要があります。街に魅力があれば、多くの人がその地域に暮らしたいと憧れます。地域へのニーズが高まれば、おのずと物件の価値も上がります。当社が地域活性支援事業に取り組むのは、その地域の価値を高めるためです。そのことがひいては、地域の住宅の価値を高め、「会社のため」にもつながっていくのです。

歩行者天国などの大規模なイベントを開催するときには、とにかく人手が必要なので、当社のほかの部署の社員も裏方としてお手伝いに参加しています。人を出しているので、当社から商店街事務局に対して人件費を払ってほしいとお願いすることもできますが、もちろんそこはボランティアでやらせてもらっています。なぜなら、イベントで地域が盛り上がり、街の価値が上がっていけば、結果、物件の価値も上がり、営業スタッフががんばってシェアを広げていければ、会社の業績も上がっていくからです。つまり、イベントをお手伝いすることは、「地域のため」であり、「会社のため」にもなっているのです。

現在のところ、「いちょう坂カフェ」単体では黒字化できてはいませんが、商店街の方たちに家を買ってもらったりしているので、「トス上げ」の成果は十分に出ています。また、丸山台での活動が評価されて、ほかの地域の商店街の方からも「活性化のアイデアを聞かせてほしい」「地域を盛り上げる手伝いをしてほしい」と、さまざまなオファーをいただいています。そうしたほかの地域で、さらに不動産ニーズの掘り起こしができれば、地域活性支援事業も当社の事業の柱として育っていくのではないかと思います。

少子高齢化の影響で、日本全国で駅前商店街などの空洞化、過疎化が進み、さびれていく街や地域がどんどん増えています。街が活気を失えば、住民も事業者も別の地域へと移っていき、その地域はさらにさびれてしまいます。そんなときに地域のために何かできるのが、私たち不動産業者だと思っています。なぜなら、家を買っていただくことで、その地域に暮らす人を増やすことができるからです。

地域や街の魅力を高め、一軒でも多くの家を売る。私たちのがんばり次第で、街や地域の再生は十分に可能なのです。

アパレル事業
ハワイで現地法人を設立

先述したように、二〇二〇年二月からは、「Ｈｉ Ｌｉｆｅ（ハイライフ）」というアパレルブランドを展開しています。

ハイライフはハワイ発祥のブランドで、ハワイで生まれ育ったグラフィックデザイナーが「世界中にＡｌｏｈａの精神を広げたい」という想いから立ち上げました。もともとハワイのワイキキビーチウォークにショップがあり、そこの運営を引き継ぐために現地法人として「Ｍ.Ｉ.Ｃ. Ｉｎｔｅｒｎａｔｉｏｎａｌ」を設立。また、国内では現在、ＥＣサイトをメインに商品を販売しており、営業の拠点として鎌倉に「ハイライフ・ストア・ジャパン」を開設してオフィス兼プレスルームとしての機能を持たせています。

当社がアパレル、しかもハワイのローカルブランドを手がけることになったのは、狙って取りにいったというよりも、ハワイのショップを運営していたオーナーさんとの偶然の出会いがきっかけでした。オーナーさんから「売ることを考えている」という話を聞き、私はその二週間後にはハワイに飛び、大枠の話をまとめてしまったのです。

私がすぐに動き、決断したのには、いくつかの理由があります。

ミックグループは今後、海外への積極的展開も視野に入れています（海外進出については第4章参照）。その足がかりのひとつとして、すでに二〇一七年にはハワイ支店を本格稼働させていますが、次の一手としてハイライフのショップ運営のために現地法人を立ち上げようと考えたのです。現地法人があれば、社員へのビザの発行など、海外進出をよりスムーズに行なえる環境を整えることができます。

また、日本国内においては、ハイライフはハワイ好きな人たちにとって知る人ぞ知るブランドで、コアなファンが大勢います。一方、当社の営業エリアである鎌倉・湘南エリアはサーフィンのメッカですし、ハワイの伝統的な歌舞音曲であるフラの教室がたくさんあるなど、ハワイのカルチャーとの親和性があります。つまり、ハイライフというブランドを通じて、鎌倉・湘南エリアのハワイ好きな方々にミックのことを知っていただき、将来的には不動産にもつなげていきたいと思っているのです。

日本全国で広く展開するつもりはいまのところなく、むしろ地域密着で、鎌倉・湘南エリアでいちばん有名なブランドに育てていくことを目指しています。先述したように、私がやりたいのは、ハイライフというブランドの人気を単体で広げていくことでも、アパレル事業の業績を伸ばすことでもなく、あくまでもハイライフを通じてミックという会社を知っていただき、もし不動産に関するご相談があれば当社に声をかけてもらえるような関係性を鎌倉・湘南エリアのお客様と築くことだからです。

現在は、海外ではハワイの店舗で、国内ではECサイトで、Tシャツ、ウィンドブレーカー、帽子（キャップ）、トートバッグなどの商品を販売しています。国内向けのオンラインショップは、二〇二〇年五月にスタートしました。本来であれば、その年の夏に東京、神奈川、千葉など首都圏で開催されるハワイ・イベントにブースを出店したり、湘南エリアで「ハイライフカフェ」という海の家を出したりして、ブランドの認知度を一気に高める計画でしたが、それらはコロナ禍の影響ですべて中止となりました。ただ、やはり根強いファンがいるのか、ECサイトではコンスタントに商品は売れ続けています。

今後は、湘南エリアにショップを出店し、ハイライフブランドのカフェもやってみたいと考えています。不動産関連では、たとえばハイライフスタイルというリフォームや注文住宅のプランを展開していく構想があります。ハイライフというアパレルブランドを核に、ハワイアンスタイルの暮らしや住宅などをお客様にご提案していきたいと思っています。

通信インフラ事業

固定収入は人件費確保のため

一〇本の柱のうち、これから特に伸ばしていきたいのが、固定収入の部分です。本章の冒頭でご紹介した『ミック　ビジョンブック』の「長期計画」の項にも「固定収入五〇パーセント」という目標を掲げています。また、別途「固定収入」という項をつくり、「リースティ管理一万戸、サポート管理一万戸、ミックコミュニティ管理一万戸、家賃収入一万戸」という具体的な目標値を設定しています。ちなみに、「リースティ」は賃貸管理や資産運用を専門に行なっている子会社、サポートは「ミックサポート」のことで賃貸の仲介をしている子会社、「ミックコミュニティ」はマンション管理サービスを代行する専門部署のことです。

私が固定収入にこだわるのは、社員たちの雇用を守るためです。当社の大黒柱である不動産仲介業が「存続しづらい業種」であることは、すでに述べました。だからこそ、少なくとも人件費を賄うぐらいの固定収入が得られていれば、何かあっても社員たちを守ることができるのではないか。そう考えているのです。

固定収入を増やすため、これまでも賃貸管理などの事業の拡大に力を入れてきました。

また、新規事業としていま進めているのが、通信インフラ事業や売電インフラ事業です。どちらもサービスを提供する事業者と提携し、当社は代理店としてお客様に対して営業を行なっています。

両事業は、固定収入を増やすという「会社のため」の目的がまずあるのですが、一方で「お客様のため」にもなると考えています。


たとえば、通信インフラ事業では「エックスモバイル」と提携しています。同社は格安SIMやスマホなど低料金のサービスを謳っています。日々の暮らしの出費を考えたとき、年々、通信費の割合は大きくなっています。私たちとしては格安の通信サービスをご提案することで、お客様の月々の支払いを減らし、その余剰分で美味しいものを食べたり、旅行に行ったりと、好きなことに使ってほしいと思っています。また、家の購入を検討している人にとっては、月々の通信費の減額分をローンの支払いに回せるので、借入額を増やすことができて家選びの選択肢が広がります。

通信インフラ事業も、お客様の豊かな暮らしのため、幸せを実現するための手段のひとつとなっているのです。

二〇二〇年一二月時点で、すでに本格的に稼働して業績を上げていたり、種まきを終えてこれから大きく育てていこうとしている事業は以上になります。

あらためて一〇本の柱に戻ると、まだ動けていないものとしては「ウェルネス事業」「法人事業」「小売事業」などがあります。

ウェルネス事業として、いま構想を練っているのは「医療ビル」です。たとえば、内科、外科、眼科など複数のお医者さんと提携し、当社が管理するビルで開院をしてもらう。医療ビルを運営できれば、当社の各事業部門のお客様には健康で安心な暮らしを提供できるし、病院は地域のさまざまな年代の方が訪れる場所なので、不動産ニーズの開拓もできるのではないかと考えています。

法人事業では、企業にアプローチをかけて、社員用の家や寮を探すお手伝いができるのではないか。これまで当社は個人のお客様ばかりを相手にしてきたので、法人営業は大きなチャレンジでもあります。

小売事業は、たとえば住宅のリフォームと併せて、内装に合うような家具や雑貨などもご提案することが、ひとつのイメージとしてあります。

ミックグループの未来を想像したとき、やってみたいこと、やらなければならないことのアイデアは、私の頭の中にいくつもあります。二〇一二年に社長に就任して以来、それらをひとつずつかたちにしてきました。これからも常識にとらわれず、新しいことにどんどんチャレンジしていきたいと考えています。

新規事業は、人の成長を促す最良の場

本章の冒頭で、当社が多角化経営を目指す理由について、「二〇三〇年までに粗利一〇〇億円を達成するため」であり、「総合生活産業としてお客様の生活をあらゆる面から支えるため」だと述べました。

多角化経営には、実はもうひとつ重要な側面があります。それは「我が社の目的」の最初に掲げている「人間づくり」に関することです。

人が成長するには、成長するための環境が不可欠です。経営者の重要な仕事のひとつに、社員が成長できる環境をいかにつくっていくか、ということがあります。

これまで当社が手がけてきた新規事業は、社員、特に若手社員が成長するための場として機能してきました。

たとえば、ライフアップ事業に抜擢した、当時入社三年目だった女性社員。彼女はもともと賃貸物件の仲介業務に携わっていました。仕事に対する姿勢は熱心で、営業成績も悪くはありませんでした。ただ、日々懸命に仕事に取り組むなかで、行き詰まりや将来に対する不安を感じていたのかもしれません。ある日、「会社を辞めようと思っている」と心のうちを相談してきました。

これからどうしようか悩んでいる様子の彼女に対し、私はこう聞いてみました。

「何かほかにやりたいことはあるの？」

彼女からは、具体的な答えは出てきませんでした。それでも、子どもが好きであること、自分も将来は五人くらいの子どもを産みたいこと、おじいちゃんやおばあちゃんも大好きであること、などの話を聞かせてくれました。そのとき、私のなかで、ずっと考えていた新事業の構想と、彼女の存在が重なったのです。

後日、彼女を誘って向かったのは、鍼やお灸などの訪問医療サービスをフランチャイズで展開している企業です。話を聞いたあと、私は「できそうかな？」と彼女に尋ねました。彼女は、自信なさそうな様子ではありませんでしたが、はっきりとこう答えてくれました。

「わかりません……。でも、がんばってみます」

そうして立ち上がったのが、「こころ治療院」です。

治療院の立ち上げや運営に際して、彼女はさまざまな困難に直面し、悩み、葛藤したはずです。たとえば、彼女はまだ二〇代半ばなので、治療院の先生たちはみな年上になります。はじめは私からの指示を忠実に実行しようとして、先生たちに対しても「上からこういう指示が出ているので、そのとおりにやってください」と命令を伝達するような言い方しかできませんでした。当然、現場の先生たちにも考えやプライドがありますから、彼女の言葉に反発します。

一方、彼女は彼女で、指示どおりに動いてくれない先生たちに対して、「なんで言うとおりにやってくれないの！」と不満を漏らしてばかりいました。

私は、そんな様子を遠くから見ながら、担当役員を通じて「こうしたらいいんじゃないかな？」「こういう考え方もあると思うよ」とアドバイスを送り続けました。また役員には、彼女と現場スタッフの間にうまく入って調整役を務めてもらいました。

そうやって試行錯誤を促していくうちに、徐々に彼女も先生たちとコミュニケーションが取れるようになり、現場もうまく回るようになっていったのです。

簡易宿泊事業でも、メインの担当を入社二年目の若い男性社員に任せています。

彼も、もともとは不動産の売買や賃貸の仲介営業をしていました。しかし、自分に自信がないのか、人に何かを提案したり、売り込むことが苦手で、「営業に向いていないので、辞めたいです」と弱気なことを口にしていました。

そこで「営業じゃないところに移してあげるよ」と、簡易宿泊事業の担当に就いてもらうことにしたのです。

ライフアップ事業の女性社員も、簡易宿泊事業の男性社員も、どちらも一度は「辞めたい」と口にしていました。しかし、いまも辞めずにそれぞれの仕事に励んでくれていますし、新規事業の立ち上げという厳しい現場を経験したことで大きく成長しています。彼らが会社を辞めずに、仕事を続けられたのにはいくつかの要因があると思いますが、そのひとつはやはり、働く環境が大きく変わったことが功を奏したからではないでしょうか。

私が新規事業の担当に若手社員を抜擢するのは、そこが、彼らが成長する最善の環境だと考えているからです。

一般的な会社であれば、新規事業の立ち上げや運営などは経験豊富な社員、当社で言えば役員やマネージャークラスの社員に担当させるかもしれません。しかし経験があると、かえってできないことや困難なことにも目がいってしまい、「そのやり方は難しいんじゃないですか」「もっと確実な方法でやりましょうよ」などとチャレンジを避けようとします。また、新規事業は既存事業よりも不確定な要素が多いため、失敗して自分のキャリアやプライドに傷がつくことを恐れ、当たり障りのない方法を選んだりします。

しかし若手社員は、よくも悪くも経験がないため、「何かあっても、こちらが責任を取るから、思い切ってやってごらん」と言うと、「わかりました！」とこちらの指示に従って全力で仕事に取り組んでくれます。まわりの人の知恵や力も借りながら、目の前の課題に全力で取り組めば、たいていは何らかの成果が出るし、その成果を褒めてあげれば、さらに成長は加速していきます。また、もし結果を伴わなかったとしても、がむしゃらに努力をした経験はその社員の糧となり、次の仕事に必ずつながります。

人が成長するには、研修などの仕組みも大切ですが、学んだことを実践したり、現実の問題に直面しながら試行錯誤をするための環境も欠かせません。私が次々に新規事業を立ち上げるのは、その環境をつくるためでもあるのです。

子会社を設立する三つの理由

新規事業のいくつかは、グループの本体である三春情報センターではなく、以下の子会社をつくって運営しています。

【介護や保育などのライフアップ事業】……ミックほっとステーション株式会社
【飲食事業】……株式会社スマイルダイニング
【ハワイにおけるアパレル事業】……M．I．C．International

また、不動産関連事業の子会社としては、次の三社があります。

【賃貸管理・資産運用】……株式会社リーステイ
【買取・再生販売】……株式会社ミックライフプロデュース
【賃貸仲介】……株式会社ミックサポート

当社が、子会社を設立して特定の事業の運営を委ねているのには、いくつかの理由がありま す。

ひとつは、リスクヘッジのためです。これは特にライフアップ事業部に当てはまることですが、介護や保育は人を預かる仕事ですし、訪問医療も人の健康に直結します。こちらがルールに基づき、細心の注意を払って業務に取り組んだとしても、万が一のことが起こる可能性はゼロではありません。その場合、当事者の方やその家族に対して誠意と責任を持って対応するのはもちろんですが、経営面にも影響が出て、社員を路頭に迷わせるようなことは絶対に避けなければなりません。そのため、ライフアップ事業に関しては子会社を設立し、グループ本体から独立させたのです。

二つ目の理由は、子会社の将来的な上場を見込んでいるためです。『ミック　ビジョンブック』の「長期計画」の項にも「子会社上場」を掲げています。

会社に対する社会的な信用や知名度を高める点で、上場にはメリットがあります。ただ、上場することで、外部の企業やファンドによって買収されるリスクも生じます。もしグループの本体である三春情報センターが買収されて、経営権がほかに移ってしまったら、ミックがこれまでずっと大切にしてきた「善いことをする」や「四方善し」といった理念も変わってしまい、ただただ利益を追い求めるだけの会社になってしまうかもしれません。

そうした事態に陥ることを避けるためにも、本体の三春情報センターは上場しないと決めています。その代わりに子会社を上場させて、グループとしての社会的信用度を高めていきたいと考えているのです。

そして、三つ目の理由が、ポジションづくりです。前項で「新規事業は若手社員が成長するための場（環境）である」という話をしましたが、子会社設立は「役員やマネージャーのための環境づくり」という側面があります。

「100vision」の実現を目指して、当社はいま、急速に拡大・発展をしています。それに伴い、社員数も年々増え、それぞれに経験を積み、成長をしてくれています。会社員として働いている以上、自身の成長の先には当然、昇給や昇進・昇格を求めるはずです。とは言え、三春情報センター一社しかなければ、役員のポストには限界があります。それに、私の後継者は自分の息子とすでに決めているため、ほかの社員が経営トップに立つことはありません。

どれだけがんばっても、上の人が辞めてポストが空かないかぎり、昇進・昇格ができないとしたら、社員としてはやはりモチベーションが上がらないでしょう。子会社は、そんな社員の受け皿としての役割もあるのです。

子会社が五社あれば、五人の経営者が必要ですし、それぞれの会社で数人分の役員ポストもできます。グループ本体の社長や役員にはなれないとしても、子会社の社長や役員にはなれる。そんな環境をつくっておくことで、社員の働く意欲、成長への意欲の向上に寄与できるのではないか。そんな狙いもあって、子会社を設立しているのです。

私自身、父の後を受け継いで社長になり、何がいちばん面白いかと言えば、それはやはり自分で意思決定ができることです。その意思決定には、会社や社員たちの未来を左右する重大な責任があり、とてつもないプレッシャーを伴いますが、それでも自分が思い描いたとおりに組織を運営したり、事業を展開することは、社長でなければ味わうことのできない仕事の楽しみだと思います。

日ごろ、役員やマネージャーたちと接していると、きっと彼らもそうした大きな仕事がしたいんだろうなと、その意欲が伝わってきます。だからこそ、私にはグループ本体のトップとして、そのための環境をつくっておく責任があるのです。

本体の役員が子会社の社長となれば、その下のマネージャーたちは役員を目指すことができます。マネージャーが役員となれば、さらにその下のサブマネージャーやチーフがマネージャーのポストに就くために「もっとがんばろう」と思えるはずです。

子会社をつくり、上のポストを目指して切磋琢磨できる環境を整えることは、組織の底上げ、つまり当社が最も重視する「人間づくり」につながっていくのです。

未経験だからこそ、できること

不動産仲介業をメインとする会社であるにもかかわらず、介護、保育、飲食、宿泊、アパレルなど多様な事業を展開し、かつその担当者には入社数年目の若手社員を起用する。傍から見れば、それはチャレンジというより、リスキーなやり方と捉えられるかもしれません。

しかし、私は「経験のないこと」は決してマイナスではなく、むしろ強みや武器になると考えています。

そのことは、当社の歴史が証明しています。

一九七七年、父・裕児が二五歳で独立し、三春情報センターを創業したとき、父には不動産業の知識も経験もほとんどありませんでした。独立前にわずか三か月だけ不動産仲介会社で働いたのですが、当時の不動産業界の悪しき商習慣――お客様の希望や都合は二の次で、手数料欲しさに物件を右から左へ流すだけ。売りっぱなしは当たり前で、不正なキックバックも横行する――を目の当たりにして、「自分の力で旧態依然な不動産ビジネスのやり方を変える！」「お客様や社会のためになる不動産ビジネスをやってやる！」と決意しての独立だったのです。

ほぼ未経験で独り立ちしたため、はじめは相当に苦労したと聞いています。営業所を開設するにも、何の実績もない二五歳の若造に物件を貸してくれるわけがありません。目をつけた建物のオーナーさんを訪ねたとき、はじめはけんもほろろに「誰がお前なんかに貸すか」と怒鳴られたそうです。

何とか営業所をオープンさせたあとも、物件仲介の依頼がまったく入らなかったり、取り扱う物件数が増えてきてもお客様が来なかったりと苦労は続きました。結果、初年度の営業収入はほぼゼロだったそうです。

それでも必死の営業努力の甲斐あって、二年目以降、会社の業績は上向いていきました。父がすごかったのは、当時の不動産業界では行なわれていなかった新たな試みをいくつもチャレンジしていることです。

たとえば、当時の不動産仲介会社は多店舗展開しているところはほとんどありませんでしたが、父は創業五年目に港南台店を出し、以後毎年のように支店を増やしていきました。

チラシをお客様の自宅ポストに投函するポスティングも、いまでこそどこの会社も当たり前のようにやっていますが、港南台地域ではじめて行なったのは父だったと聞いています。そのころの不動産会社は、物件情報のビラを店頭に貼っておけば客は勝手に来るという「待ち」のスタンスが当たり前でしたが、父は自ら情報を届けにいく「攻め」の姿勢で営業活動を行なっていたのです。当時、家族で住んでいた市営団地に輪転印刷機を運び入れ、インクまみれになりながら作業する父の姿や、一晩中ずっと部屋に響いていたガチャガチャいう輪転機の音は、いまでも記憶に焼きついています。

大きなビデオカメラを買ってきて（当時は、いまのようなコンパクトなビデオカメラはなかったのです）物件の内・外観を撮影して、その映像を店舗で流すこともしていました。全社員が同じ紺のブレザーを制服として着用していたのも、当時の不動産会社では珍しいことでした。

父は、業界の常識にとらわれず、「お客様に情報を届けるため」「お客様や社会の役に立つため」には何をすればいいのかということに徹底的に向き合い、誰もやっていないことに次々と取り組んできました。

業界の常識は、非常識。

大切なのは、お客様のため、地域社会のために「善いこと」をすることである。

父の信念とそれに基づく行動が間違いではなかったことは、父が創ったミックという会社が現在まで存続している事実が裏づけています。そして、そうした信念を持ち、実際に行動を起こすことができたのは、何より父が未経験だったことが大きかったのではないかと、私は思うのです。

経験や知識がないからこそ、業界の常識にとらわれず、自分が「善い」と信じることを思い切ってできる。新しいことにチャレンジするとき、新しい世界を切り拓くときには、旧来の常識、中途半端な知識や経験は足かせ以外の何物でもないのです。

だからこそ、私は、新たな事業に進出するときには若い社員を抜擢し、「思い切ってやれ」と背中を押し続けているのです。もし誰かが「経験がない若手に任せるのは無謀だ」と反対しようものなら、きっとこう言い返すでしょう。

「経験がないからこそ、できるんだ」と。

経験がない人のほうが、先入観も制約もなく、業界の人間が避けるようなことも思い切ってできます。ほかの人の真似をしたり、同じようなことをやっているだけでは、新たな価値を生み出すことができず、生き残ることもできません。

誰もやらないことにチャレンジしたときにこそ、大きな価値が生まれます。そして、そのためには「未経験」であることは、決してマイナスにはならない、むしろプラスになるのです。

第4章

横浜発、世界へ

世界の総合生活産業を目指して

地域密着企業が、なぜ海外を目指すのか

当社は創業以来、「地域密着」を掲げ、横浜市南部の南区、港南区、磯子区、金沢区、栄区や、横須賀、湘南を主な商圏エリアとして店舗を展開してきました。

一方で、二〇一一年に中国支社「瀋陽三春室内設計有限公司」を開設したり（現在は閉鎖）、二〇一七年にハワイ支店を稼働させるなど、海外進出も積極的に進めています。

それゆえ、社外の方からこんな質問をされることがあります。

「地域密着企業であるミックグループが、なぜ海外を志向するのですか？」

傍から見れば、地域密着を掲げながら、海外にも支社や支店を展開するのは、「矛盾している」「一貫性がない」と映るのかもしれません。しかし、私のなかで両者はまったく相反していません。

現時点で当社が「地域密着」と言うとき、その「地域」とは、横浜、横須賀、湘南エリアを指します。横浜の栄区で創業したミックは、これまで横浜やその周辺を地元として、この地域の

お客様の幸せを実現するためにさまざまな事業を展開してきました。ただ、ミックが根を張り、そこに暮らすお客様と一生涯のお付き合いをしていく「地域」は、横浜、横須賀、湘南だけに限定しているわけではありません。たとえば、当社はハワイに支店を持ち、現地法人「M.I.C.International」を運営しています。今後ハワイという土地に根づき、ハワイで暮らす人々の生活に役立つビジネスを展開していく可能性もあり、それも「地域密着」だと考えています。

つまり、国内外のどこの地域に進出しようとも、地域に根づき、そこで暮らす人々の生活を豊かにするための事業を展開できれば、それはミックが目指す「地域密着」だと言えるのです。

一般に企業の海外進出というと、「○○は経済が急速に成長し、ビジネスチャンスがあるから」「△△は人件費が安く、コストを抑えられるから」という文脈で語られがちです。事業を運営して売上げや利益を確実に上げるには、たしかにそうした視点は欠かせませんし、当社の中国進出のきっかけもはじめは人件費の安さでした。しかし、市場規模や安い人件費のみを求めて海外進出した企業は、きっとその地域の経済が落ち込んだり、もっと条件のよい地域がほかに出てきたりした場合は、撤退や移転を検討するのではないでしょうか。経営的な観点から言えば、その判断・行動は間違っていないのかもしれませんが、やはりそれは「会社善し」のみで、「地域善し」にはなっていません。

ミックが目指す海外進出は違います。その地域に根づくまでに時間がかかるかもしれませんが、ひとたび密着したら、基本的には撤退はしません。その地域に土着し、そこで暮らす人々とともに街をつくり、文化や歴史をつくっていく。会社や事業だけではなく、地域も発展させていく。地域に密着し、土着する――これがミックグループの海外展開が目指す理想のイメージなのです。

今後、日本国内だけでビジネスを行なっていくことは困難になっていくはずです。

少子高齢化が進み、私の息子の代や、さらに孫の代になったとき、日本の人口はさらに減少し、国内のマーケットは間違いなく縮小しているでしょう。そんな環境で会社を存続させ、社員たちを守るには、日本という枠にとらわれず、地球というマーケットで発展していくしかありません。

そのための準備として、私の代で、海外でビジネスを行なっていく土台を築いておきたいのです。つまり、いま、私が進めている海外進出は、「未来の会社のため」「未来の社員やお客様のため」でもあるのです。

現在、ミックが拠点を置いて事業を運営しているのはハワイだけですが、将来的にはヨーロッパやアジアにも進出したいと考えています。

ヨーロッパは、イタリアかフランスが、現時点での候補地です。イタリアは、毎年「ミラノサローネ」（ミラノで毎春開催される、インテリアと家具の国際見本市）を視察しており、この国の優れたデザインを当社の注文住宅やリフォームに導入するため、デザイン開発拠点を設けたいという構想をずっと持っています。フランスは、二〇二〇年から展開している洋菓子店「パティスリー雪乃下」がフランス菓子をメインとしているので、できれば本場のフランスにも店舗を持ちたいと思っています。

アジアは、シンガポールに商社機能を持つ拠点をつくる構想があります。建築部門で海外の資材を使用する場合、いまは商社経由で仕入れているのですが、それなりにコストがかかります。自社で商社機能を持てれば、安くてよい材料を独自に輸入ができ、会社としてはコスト削減が期待でき、お客様にとっては費用面や品質面でのメリットにつながります。

また、インターネット上のECサイトを多言語化すれば、ボーダレスにビジネスを展開できます。当社では、いまのところ「パティスリー雪乃下」とアパレルブランド「ハイライフ」のE

Cサイトを運営しており、それらの多言語化を進めていくことも海外展開のひとつの手段となります。さらに、ECサイトの制作や管理運営は、必ずしも日本国内で行なう必要はなく、技術力の高いアジアの国に拠点を置く選択肢も考えられます。

以上のように、今後の展開のアイデアは私の頭の中にいくつもあります。

本章では、すでに海外展開の実績がある中国とハワイの事例をご紹介します。

中国への進出1

3DCGパースの制作会社を設立

ミックがはじめて海外に事業拠点を開設したのが中国です。

二〇〇九年から現地視察や面接などを行ない、二〇一一年に中国支社「瀋陽三春室内設計有限公司」を設立しました。同支社の目的は、日本国内のリフォーム見込客に対する提案用3DCGパース（住宅設計イメージ図面）を制作することでした。

当社ではこれまで、中古住宅の販売と室内のフルリノベーションをセットにした営業に力を入れてきました。中古住宅を売るだけではなく、リフォームの提案も併せて行なうことで、お客様は理想の家が実現でき、私たちとしてはお取引の単価を上げられ、両者にとってのメリットを生むことができるからです。

中古住宅とリフォームのセット販売の成約率を上げるには、「お客様にいかに完成後のイメージをリアルに伝えるか」が重要なポイントとなります。

築数十年の古い団地にご案内して、古びた室内を眺めながら、「この部屋がこんなステキになりますよ」といくら口で説明したところで、訴求力はありません。言葉での説明だけでは、お客様は具体的なイメージを思い描くことができないからです。そのため営業スタッフは、お客様のご要望をヒアリングしたうえで、社外の建築デザイナーやインテリアデザイナーにパースを制作してもらい、その図面をお客様にお見せしながらプレゼンすることになります。

ただ、デザイナーにパース制作を依頼すれば、その分の経費はかかります。そのため、私がマネージャーだったときには、自分でパースを描く練習をして、自作のパースでお客様にご提案していました。ただ、制作には時間がかかりますし、そもそも絵を描くのは人によって得手不得手があり、お客様を魅了する図面を描くのにはそれなりにセンスも必要となるため、誰もが実践できる方法ではありませんでした。

そこで考えたのが、社内のインテリアコーディネーターに室内のデザインをしてもらい、そのデザインを3DCGパースに起こす作業を人件費の安い海外で行なう、二国間での制作体制の構築です。そして、その候補地として考えたのが、中国でした。当時、日本国内で3DCGパースをつくろうとすると一物件だいたい三万〜五万円程度でしたが、中国ならば一物件三〇〇〇〜五〇〇〇〇円と、ほぼ一〇分の一のコストで制作できたのです。

事業を行なう拠点は、中国北東部の遼寧省瀋陽に置くことにしました。

なぜ、瀋陽だったのか。その発端は、当社の海外事業課に中途採用で入ってきた中国人の女性社員でした。彼女の出身が瀋陽で、しかも父親が地方政府の官僚だったため、「彼女の伝手を使えば、スムーズに事が進むかもしれない」と考えたのです。実際、彼女の父親の紹介で、後述する中国人の技能実習生の派遣を行なっている会社の社長と知り合い、その社長の父親が遼寧省のそれなりのポジションの人物だったため、瀋陽での会社設立の話はとんとん拍子で進んでいきました。

中国は、よくも悪くもコネ社会だと言われています。中国で何か物事を動かすには、人とのつながり、特にその地域や組織の上の人とのつながりをつくれるかどうかにかかっています。当社の場合は幸いにも、中国人の女性社員をきっかけにして幅広い人脈を築くことができました。特に実習生派遣会社の社長とは何度も酒を酌み交わし、「兄さん」「弟」と呼び合う仲になることができました。彼はよく「困ったことがあれば、何でも相談しろ」「俺が何とかしてやるから」と言ってくれます。実際、たいていのことは何とかできる力を持っている人であり、彼と「兄弟」になれたからこそ、会社を設立できたと言っても過言ではありません。

日本と中国を行き来し、現地の関係者と幾度となく面談や宴会を重ねました。人と人との信頼関係を重視する中国では、ビジネスの面談とともに宴会の場でのコミュニケーションが大切にされます。たとえば三泊四日の予定で訪中すれば、三日間連続で宴会が催され、白酒（パイチュウ）という、中国発祥の蒸留酒での乾杯を繰り返します。私自身、お酒は好きで、社員の飲み会にもよく参加するのですが、連日の白酒乾杯攻勢はさすがにきつく、帰りの飛行機ではいつもふらふらになっていました。

そうやって時間と労力をかけ、肝臓も酷使した結果、二〇一一年一〇月、念願だった中国支社「瀋陽三春室内設計有限公司」を設立し、現地採用の中国人スタッフ五名による業務を開始したのです。

中国への進出2

中国での事業拡大を断念

中国支社の目的は、日本国内のお客様向けに3DCGパースを制作することでしたが、せっかく拠点を置くならば現地のマーケットを開拓し、瀋陽という地域に「密着」したビジネスも展開したいと考えました。そこで瀋陽の住宅事情や人々の生活をリサーチしたところ、現地にはインテリアやリフォームに関して高品質なサービスを提供している業者がほとんどいないことがわかりました。インテリアやリフォームは、まさにミックの得意分野。日本で培ってきたノウハウを活かして新規開拓できる可能性を感じ、事業の拡大にチャレンジしてみることにしました。

まず取り組んだのが、人材の育成です。当初採用した中国人スタッフ五名は3DCGパースを制作するCADオペレーターだったため、彼らとは別にリフォーム専門のチームを立ち上げる必要がありました。そのために利用したのが、〝兄さん〟の会社が行なっていた技能実習生の派遣制度です。

はじめに中国からの実習生を当社で受け入れ、実習期間の三年間で社内研修を受けてもらったり、現場経験を積ませて、「ミック人」として育成していく。そして、実習を終えて中国へと戻ったあと、中国支社に入社させてリフォーム事業を担ってもらう。そうすれば、ミックの理念を理解した中国人社員が、同地においても「四方善し」のビジネスを行なってくれるだろうと考えたのです。

二〇一一年二月には早速、第一期の実習生が来日し、日本語学校で日本語を勉強したのち、リフォーム事業部に配属。その後、毎年二、三名の実習生をコンスタントに受け入れるようになりました。

しかし、結論から言えば、中国での事業展開はうまくいかず、二〇一一六年に撤退することになりました。

原因は、中国の好景気の拡大と、中国人スタッフの仕事への姿勢です。

急速な経済発展に伴って、人々の賃金も中国社会全体として上昇傾向にありました。そのため、中国支社の社員たちは、自分たちの仕事の実績やクオリティは棚に上げ、「賃金を上げてくれ」「待遇を改善してほしい」と要求してくるようになりました。とは言え、賃金はあくまでも仕事に対する評価であり、現状維持の仕事しかしていない社員に対する昇給や待遇改善は受け入れられませんでした。

中国支社の社員たちの仕事のクオリティが極端に低かったわけではありません。彼らは、日本からの指示を受けて3DCGパースを制作する業務を滞りなくこなしてくれたし、そのパースによって決まった契約もあります。ただ私としては、中国人スタッフにも、日本の社員と同じように、「四方善し」や「善いことをする」という理念を実現するため、成長意欲を持って仕事に取り組んでほしいと考えていました。

彼らの制作するパースで契約は取れていましたが、せいぜい数百万円のリフォームでした。将来的に中国本土でリフォーム事業を展開していくのであれば、五〇〇万円、一〇〇〇万円の高額リフォーム契約が取れるような、よりクオリティの高いパースを制作する必要があります。しかし、彼らは自身のスキル向上や成長を志向せず、賃上げや待遇改善のみを会社に求めるようになってしまったのです。

本社の役員を何度も中国へ送り、中国人スタッフとの話し合いを行ないましたが、状況は改善しませんでした。そのため残念ではありましたが、支社の閉鎖を決めたのです。

支社の撤退以降、中国でのビジネスは止まっています。ただ、〝兄さん〟の会社から派遣される技能実習生の受け入れだけは引き続き行なっており、何かあれば相談できる関係性は維持されています。

今後、中国で何らかの事業を行なう可能性は、いまのところかなり低いと考えています。この一〇年で中国の事業環境は変化しましたし、中国の人たちにミックの理念を理解してもらうのはかなりハードルが高いと感じているからです。

とは言え、アジアへの進出を諦めたわけではありません。これからは先述したシンガポールでの拠点づくりなど、東南アジアにシフトしていくつもりです。

不動産投資をきっかけにハワイへ進出

中国支社を閉じた後、海外事業を展開する次なる地域として選んだのがハワイです。きっかけは、同地での投資物件の購入です。

物件購入のそもそもの目的は、海外展開のためというより、固定収入を得るためでした。最初に買ったのは、ダイヤモンドヘッドに近い「２９８７カラカウア」のマンスリー型のコンドミニアム一室。その後、ワイキキビーチそばの「アクアパシフィックモナーク」の一室、「イリカイホテル」のコンドミニアム二室を加え、計四室所有しています。部屋の管理や集客は現地の管理会社に委託し、利用実績に応じて毎月家賃収入を受け取っています。二〇一七年に始動したハワイ支店も、主にハワイで不動産投資を行なうための拠点として開設しました。

稼働率はどのホテルも八割程度で、投資物件としては優良な実績を上げています。ただ、私の性格として、「稼働している八割」ではなく、「空いている二割」のほうに目がいってしまい、「残り二割を埋めるために日本から送客しよう」と考えました。

ただ、日本人の場合、海外旅行に行くような長期の休みが取れるのは、年末年始、ゴールデンウィーク、夏休み（お盆休み）ぐらいで、普通に宣伝をしているだけでは残り二割を満遍なく埋めることはできません。そこで立ち上げたのが、ハワイアンウェディング事業「Ｐｉｌｉａｌｏｈａ Ｗｅｄｄｉｎｇ（ピリアロハウェディング）」でした。

海外ウェディングに憧れるカップルは多いですし、結婚式や新婚旅行のタイミングであれば気兼ねなく長期休暇も取れます。また、結婚したカップルは一緒に暮らす物件を買ったり、借りることになるので、不動産事業部へのトス上げもできます。ウェディングは、当社にとって理想的な新規事業だったのです。

ピリアロハウェディングはひとまず、イリカイホテルのコンドミニアム宿泊とウェディング記念フォトの撮影がセットになったサービスとしてスタートさせました。ホテルは当社所有の部屋を利用するため、格安料金で宿泊できます。二〇一九年に始動し、二〇二〇年に入ってコロナ禍で海外旅行どころではなくなってしまったため、本格的な事業展開はできていないのですが、コロナが終息したら提携先を増やすなどしてより魅力的なプランをつくり、集客を強化していく予定です。

また、営業権を引き継いだハワイのアパレルブランド「ハイライフ」のショップ運営のため、二〇二〇年に現地法人「M．I．C．International」を立ち上げました。こちらもコロナ禍で、予定していたことがことごとく実施できなかったのですが、コロナ終息後にはハワイ限定商品の開発やイベントの実施、日本からの送客などを行なっていく予定です。

現地法人の副社長には、もともとショップを経営していた元オーナーさんに就いていただき、引き続きショップの運営を見てもらうことにしました。日本から新しい人間を送るより、ブランドのデザイナーとの信頼関係が築けており、ハワイでのビジネスにも精通している彼のほうが、今後の事業展開に有利に働くだろうという判断からです。

現地法人を設立し、当社の社員へのビザの発行などをスムーズに行なえる体制が整ったため、まずは現地の人員を強化してハワイでのリフォーム需要の新規開拓などを行なっていきたいと考えています。

現地でリサーチしたところ、ハワイには日本人が経営するリフォーム会社があるのですが、オーダーが殺到して仕事を断っている状態だそうです。需要はあるものの、供給が追い付いていない状況であれば、私たちが参入して一定のシェアを取るチャンスは十分にあるはずです。また、先の話にはなりますが、ハワイでの事業が軌道に乗ったあかつきには、太平洋を越えてアメリカ本土へも進出してみたいと思っています。

課題は、外国人スタッフの育成

今後、海外事業をさらに拡大していくにあたって、大きな課題となるのが現地で採用する外国人スタッフの教育です。

国や地域によって歴史や文化、商習慣は異なりますし、育ってきた社会環境が異なれば働くことに対する価値観も違ってきます。中国支社では、まさにその価値観の違いという壁にぶつかり、解決の糸口を見出すことができず、事業撤退に至りました。

だからこそ、これから海外事業を展開していくうえで最も注力しなければならないのが、国ごとの違いを超えて、ミックの理念である「善いことをする」や「四方善し」をいかに理解してもらうか、ということなのです。日本人、中国人、アメリカ人といった国籍を超えて、ミックグループで働くスタッフには「ミック人」になってもらいたい。ミックの理念を理解し、日々の仕事を通じて実践していってもらいたい。そのことが土台になければ、それぞれの地域に密着し、土着するというミックらしい海外展開は実現できないと考えています。

「海外の拠点における外国人スタッフの教育」という大きな課題に今後取り組んでいくための試金石となるのが、日本国内で働く外国人スタッフの教育です。

簡易宿泊事業として鎌倉で展開している三店舗のB&Bがそのための実験の場であることは、すでにお話ししました。B&Bの目的は、インバウンド需要を取り込むためではなく、外国人の雇用を促進して、彼らをミック人として育成していくことにあります。

また、ほかの事業部門や部署にも、合計八人の外国人社員が在籍しています。彼らは国内で採用し、日本で生活もしているので、日本人の気質や特徴、日本の文化や社会環境もある程度は理解しています。まずは彼らにミックの理念を浸透・定着させることが、次の「海外採用の外国人スタッフの教育」にもつながっていくのではないかと考えています。

八人の外国人社員のうち、最も期待を寄せているのが、「キッズデュオ」から本社に移ってきた台湾人の女性社員です。

もともと台湾で日系企業に勤めていたという彼女は、「海外で仕事をしたい」と一念発起して三年前に来日。飲食店などを経て、自身の語学スキル（母国語の中国語のほか、日本語、韓国語、英語の四か国語を使いこなすマルチリンガル）を活かせる職場として、当社が運営するキッズデュオに転職してきました。

キッズデュオに入ってくる時点で、当社が不動産事業などを多角的に展開していることを知っており、面接では彼女から「ほかの部署への異動は可能か」という質問をしてくるほど、向上心を持っています。そして、その願いが叶い、二〇二〇年一〇月に本社勤務となり、いまは広報課で仕事をしてもらっています。

彼女は「海外で仕事をしたい」という明確な目標を持ち、ミックに入社してきたのも「日本語のスキルを高めるためと、日本人の仕事の仕方をより深く学ぶため」と、動機がはっきりしています。また、多角的に事業を展開する当社ならば、将来的に大きな仕事に取り組むことができるのではないか、とも考えたそうです。「何のために働くのか」という目的意識を持ち、自己の成長や自己実現のために仕事に意欲的に取り組む姿勢は、ミック人となるために欠かせない資質のひとつであり、彼女はその資質をすでに備えているのです。

広報課での仕事を通じて、ミックグループのそれぞれの部署や事業部門の業務内容について理解してもらったあかつきには、彼女には当社のホームページの多言語化の仕事を任せたいと思っています。

ホームページ内には「我が社の目的」や「経営理念」なども掲載されています。日本語で表現されたそれらの言葉をほかの言語に翻訳することは、今後「理念の国際化」を進めていくにあたっての核となる、極めて重要な作業です。

その作業にはもちろん私も関わっていきますが、これから彼女とともに、ミックの理念をどのように外国人に伝えていくかを考えていこうと思っています。そして、一人でも多くの外国人スタッフをミック人——「四方善し」などの理念を理解し、その理念を実現するために常に向上心を持って働ける人——に育てていきたい。それができてこそ、「地域に密着し、土着する」ミックの海外展開も広がっていき、「世界の総合生活産業」へと発展していけると思うのです。

おわりに

社員とその家族の幸せのために

「何のために生きるのか」
「何のために働くのか」

私は、研修などの場で繰り返し、社員たちにそう問いかけてきました。また、本書の中でもこの問いは幾度となく登場しています。

なぜ、私がこの問いを繰り返し投げかけるのかと言えば、「何のために」という生きる目的、働く目的を明確に定めておくことが成長の原動力となり、その目的を達成することがすなわち自己実現であり、その人の幸せにつながっていくと考えているからです。

この問いには、万人に共通する絶対の答えはなく、一人ひとりが真剣に向き合い、考え抜いて、自分なりの答えを見出していかなければなりません。まわりの人の意見やアドバイスを参考にすることはできますが、人から答えをもらうことはできません。他人から与えられた「何のために」では、いくら努力を重ねてその目的を成し遂げたとしても、自己実現にはならないからです。自分の内なる声に耳を傾け、家族や友人、社会との関わり合いの中から、最終的には自分自身の意志で「自分は何のために生きるのか」「何のために働くのか」を決断する。それが大切なのです。

私が社員たちによく言うのが、「会社のため」「お金のため」に働いてはいけない、ということです。また、社長である私が、社員たちに対して、「こうあるべきだ」と強要することもできません。

「何のために」という目的を自分自身で定めて、それを実現するために懸命に働く。それこそが仕事をすることの理想的なあり方なのではないでしょうか。

生きる目的、働く目的は、その人自身が決めなければなりません。ただ、それぞれが決めた「何のために」を実現するための方法は、教えることができるのではないかとも思っています。

本書の中で述べた「善いことをする」や「四方善し」といった当社の理念も、「感謝高達成＝理念の実現＝自分の幸せ」という考え方も、実は社員たちに自分の夢や目標を実現するための方法を身につけてほしいという想いから、研修などで繰り返し伝えているのです。

私自身にも「何のために」という生きる目的、働く目的があります。当社の事業発展計画書の「宣言」が、まさにそれに当たります。

「全社員とその家族が豊かで明るい生活を営むために」

二〇三〇年に向けて「100vision」を推進しているのも、不動産仲介業を中心としてさまざまな事業を展開しているのも、地元横浜から飛び出して海外に進出しているのも、会社や自分のためではありません。最終的なゴールは、社員とその家族に幸せになってもらうため、なのです。社員の幸せを第一に考え、その実現を目指すことが、ひいてはお客様の幸せや地域の発展、会社の成長につながり、そして私自身の幸せにもつながっていくのだと、私は考えています。

みなが幸せになるなんて理想論に過ぎない、と言う方もいるかもしれません。

しかし、夢や理想に具体的な数値や日付（期限）を加えることで、それは目標となり、計画となります。目標や計画ができたら、あとはそれを実現するためにアクションを起こし、どんなことがあろうともやりきるだけです。私が「神奈川県ナンバーワン」や「二〇三〇年までに粗利一〇〇億円」という明確な数値や日付を掲げているのも、「社員とその家族を幸せにする」という経営者としての私の理想、私の使命を必ず実現するためなのです。

ミックグループはこれからも、社員のため、そして「四方善し」の実現のために、発展拡大を続けていきます。

社員たちには、その実現のため、ぜひとも力を貸してほしいと思っています。

そして、本書を読んでくださった社外の方たちには、われわれがその理想を実現できるのか、ときに温かく、ときに厳しい目で見守っていただけたら幸いです。

二〇二一年　春

株式会社三春情報センター
代表取締役社長
春木磨碑露

［著者略歴］
春木磨碑露（はるき・まひろ）
1977年横浜市生まれ。2012年、創業者である父親の跡を継ぎ、株式会社三春情報センター代表取締役に就任。不動産買取再販業務を強化するほか、総合生活産業を目指し、飲食事業（焼鳥店や洋菓子店等）、保育・介護事業（保育、デイサービス、鍼灸・訪問治療等）、鎌倉での民泊事業などを次々に展開。横浜・湘南・横須賀エリアを中心に地元密着企業として、お客様・会社・社員・地域がそろって幸せになる「四方善し」を理念に、人財育成に注力し、モノではなく、コトを提供する企業として事業を展開している。2005年より鎌倉市在住。

〈ミックグループ〉
株式会社三春情報センター（不動産仲介業）
株式会社リースティ（賃貸管理）
株式会社ミックライフプロデュース（不動産買取再販事業）
株式会社スマイルダイニング（飲食事業）
ミックほっとステーション株式会社（保育・介護事業）
M.I.C. International（エムアイシーインターナショナル・ハワイ現地法人）

なぜ、私は「社員の幸せ」を第一に考えるのか
――人財の成長なしに、お客様の夢を叶えることはできない

2021年3月19日　第1刷発行

著　者――春木磨碑露
構　成――谷山宏典
発行所――ダイヤモンド社
〒150-8409　東京都渋谷区神宮前6-12-17
https://www.diamond.co.jp/
電話／03･5778･7235（編集）　03･5778･7240（販売）
装丁――――遠藤陽一（DESIGN WORKSHOP JIN）
製作進行――ダイヤモンド・グラフィック社
印刷――――加藤文明社
製本――――川島製本所
編集担当――久我　茂

ISBN 978-4-478-11182-6